Umschlagfotos:
Titelbild: GBA/GPL, John Glover; Freisteller: Manfred Ruckszio, Taunusstein
Umschlagrückseite: GBA/Perder
Bildquellen Inhalt: alle Bilder Brigitte Stein ausgenommen Seiten 76 bis 91: Alice Thinschmidt
Literaturquelle: Seite 39: „Mit Wilhelm Busch in den Garten“, Stengel, Hans, Droste, Düsseldorf (1990), aus „Zu guter Letzt“ (1904)

Impressum

Die Deutsche Bibliothek - CIP-Einheitsaufnahme
Ein Titelsatz für diese Publikation ist bei Der Deutschen Bibliothek erhältlich.

Lektorat: Veronika Schubert, Österreichischer Agrarverlag
Korrektorat: Bettina Jakl-Dresel
Umschlaggestaltung: Atelier Reichert, Stuttgart
Grafische Gestaltung & Satz: GSB – Graphikdesign Smitty Brandner
Illustrationen: Elisabeth Fritsche
Bildreproduktion: Dominici Werbeagentur
Printed in Germany
Druck und Bindung: aprinta GmbH, Wemding

ISBN (Österreich): 3-7040-1827-9
ISBN (Deutschland): 3-8001-3248-6

Brigitte Stein • Alice Thinschmidt

Gemüsegärten

Große Ernte auf kleiner Fläche

Verlag Eugen Ulmer
Österreichischer Agrarverlag

Inhaltsverzeichnis

Planung

Schon das kleinste Fleckchen bringt viel Ertrag!

Wer sein Gemüse selber anbaut, kann unter zahlreichen Varianten wählen.

Die ganze Fülle an heimischen und exotischen Pflanzen oder geschätzten Spezialitäten aus Großmutters Zeit steht ebenso zur Auswahl wie neueste Züchtungen, über die man in der Fachwelt gerade spricht.

Wie groß soll die Gemüseecke sein?

Selbst setzen und ernten ist für jeden attraktiv, der sich gerne mit Pflanzen beschäftigt. Und mag das Fleckchen Erde für Gemüse und Kräuter noch so winzig sein: Wenn man es intensiv nutzt, kann die Ernte erstaunlich reich sein.

Knackiger Salat, taufrisch aus dem eigenen Garten geholt, leckere, am Strauch gereifte Tomaten, süße Erbsen und schmackhafte Bohnen sind Genüsse, von denen nicht nur Feinschmecker träumen. Herauszufinden, was von allem am besten schmeckt, ist auch für Kinder kein Problem.

Den Appetit der Familienmitglieder einzuschätzen, fällt nicht leicht. Doch gibt es Erfahrungswerte: Zählt man Kartoffeln, Erdbeeren und Rhabarber mit dazu, sollten Sie mit 30–35 m^2 pro Person rechnen. Geht es nur um Gemüse, kommen Sie bei intensiver Mischkultur mit 10–15 m^2 aus.

Volle Sonne, am besten von Sonnenaufgang bis zum Abend, ist optimal für Gemüsekulturen. Nur wenige Gemüse wie Mangold, Rote Bete oder Schnittsalat kommen mit Halbschatten aus. Die anderen benötigen, um stattliche Köpfe und reiche Erträge zu bringen, viel Licht. Fehlt es daran oder stehen die Kulturen zu dicht, dann schließt sich Kopfsalat nicht zu festen Köpfen, Fenchel entwickelt nur flache Knollen und Radieschen und Rettiche schossen gleich in Blüte, ohne brauchbare Knollen zu bilden.

Wenn Sie die Beete in West-Ost-Richtung anlegen, können die Pflanzen von früh bis spät die Sonnenstrahlen nutzen. Mehr noch als im Freiland gilt dies für Kulturen im Frühbeet und Gewächshaus, für die Sie die sonnigsten Stellen im Garten reservieren sollten – keinesfalls im Schatten eines Gebäudes oder unter einem Baum.

Dort findet jedoch ein Kompostplatz ideale Bedingungen. Kompost ist nicht nur wichtig zum Entsorgen und Recyceln der Grünabfälle. Hier entsteht das „Gold der Gärtner“, die beste und preisgünstigste Art der Humusversorgung.

Praktisch denken

Bei der Planung stehen praktische Gesichtspunkte im Vordergrund. Denken Sie daran, dass vieles mit einem Schubkarren bewegt werden muss. Deshalb sollten die Hauptwege mit Ziegeln, Platten oder trittfestem Rasen befestigt und mindestens 75–100 cm breit sein. Ein gutes Maß für Querwege zwischen den Beeten sind 40–50 cm. Wer dann noch passende Holzroste auslegt, kann sich auch bei nassem Boden im Garten gut bewegen.

Bewährt haben sich Beetbreiten von 120 cm, damit man sie zum Hacken oder Pflanzen von beiden Seiten bequem bearbeiten kann. Ein Gemüsegarten soll offen und luftig liegen, das lässt die Blätter bald abtrocknen und hemmt die Ausbreitung von Pilzkrankheiten. Windschutz bieten Hecken oder Reihen von hoch wachsendem Zuckermais, Stangenbohnen, Gründüngepflanzen, Sonnenblumen, Dicke Bohnen oder Streifen aus gesätem Getreide.

► *Schon wenige Quadratmeter genügen für reiche Ernte von Salaten, Bohnen, Erbsen, Tomaten und mehr.*

Mehr ernten nach Plan: Ganz natürlich mit Mischkultur

Jedes Fleckchen und jeder Lichtstrahl werden in der Natur genutzt. Gute Nachbarschaft ist dabei wichtig, denn die Pflanzen leben in einem Wechselspiel aus Duftstoffen, Windschutz, Licht und Schatten. Gut bewährt hat sich in größeren und kleineren Gärten die Methode der Mischkultur, die auf Bio-Art jede Lücke und jeden Quadratmeter Boden nutzt. Mit wenigen Ausnahmen kommen fast alle Pflanzen gut miteinander aus (siehe Tabelle Mischkultur). Achten Sie darauf, dass hohe Pflanzen nicht niedrigen die Sonne wegstehlen, dass Tiefwurzler neben Flachwurzlern stehen und ihre Wurzeln in unterschiedliche Tiefen vordringen und pflanzen Sie den Wermut weit weg, denn er gilt allgemein als „schlechter Nachbar". Mischkulturen halten den Boden bedeckt und nützen Lücken. So werden Hauptkulturen wie Tomaten, Kohl oder Lauch durch schnellwüchsige Lückenfüller wie Radieschen, Rettich, Kresse und Spinat begleitet. Duftstoffe fördern den Wuchs der Nachbarpflanzen und schützen vor Schädlingen. So halten Zwiebeln und Lauch die Möhrenfliege ab, Bohnenkraut schützt vor Läusen und Kapuzinerkresse zieht Kohlweisslingsraupen, Läuse und andere Schädlinge auf sich. Ihr üppiger Wuchs steckt manche Attacke problemlos weg. Und wo Knoblauch wächst, haben es Rost- und Mehltaupilze schwer.

Kulturfolgen

Bleiben Beete leer, siedeln sich in den Lücken schnell Unkräuter an. Mit einem guten Anbauplan sollte das nicht passieren. Was Sie in diesem Jahr anbauen möchten, bestimmt der Wunschzettel.

Mischkultur von Porree und Möhren

Fertige Setzlinge gibt es nur von wenigen Gemüsearten. Die eigene Anzucht oder Aussaat aufs Beet ist deshalb oft die beste und billigste Lösung. Auf der Tabelle auf Seite 92 finden Sie nicht nur die richtige Saatzeit sondern auch Abstände und andere wichtige Details. Nur wenige Dauergemüse bleiben über viele Jahre am selben Platz: Spargel, Meerrettich, Rhabarber und einige der „alten“ Gemüse. Alle anderen belegen nur eine gewisse Zeit lang den Platz auf den Beeten.

Für die meisten Hauptkulturen mit längerer Wachstumszeit, wie Gurken, Tomaten, Paprika, Auberginen, Melonen und Kürbisgewächse, ist nach den letzten Frösten Mitte Mai Pflanzzeit. Zur gleichen Zeit werden Bohnen und Zuckermais gesät.

Leicht lässt sich da eine Vorkultur zuordnen mit schnellwüchsigen Radieschen, Schnitt- und Pflücksalat, Spinat, Frührettich und gepflanztem Kopfsalat oder Kohlrabi. Bis Mai haben sie schon ihren Ertrag gebracht.

Nachkulturen wie Fenchel, Radicchio, Endivien oder Chinakohl werden nach der Sonnenwende (21. Juni) ausgesät, denn im Herbst schossen diese Langtagspflanzen nicht mehr. Stattdessen bilden sie bei milder Herbstwärme große Köpfe von ausgezeichneter Qualität.

Anfang August kann man die letzten Salate und Kohlrabi pflanzen und es ist Saatzeit für Spinat, Feldsalat, Chinakohl, überwinternde Zwiebeln oder Gründüngung zur Bodenpflege.

+ pos. Wechselwirkung
– neg. Wechselwirkung
o keine Beeinflussung
S = Schwachzehrer
M = Mittelzehrer
St = Starkzehrer

	Bohnen (S)	Endivien (M)	Erbsen (S)	Fenchel (M)	Gurken (St)	Kapuzinerkresse (S)	Knoblauch (M)	Kohlarten (St)	Kohlrabi	Kopfsalat (M)	Möhren (M)	Pflücksalat (S)	Porre (St)	Radies./Rettich (S)	Rote Rüben (M)	Sellerie (St)	Spinat (M)	Tomaten (St)	Zucchini (M)	Zwiebeln (M)
Bohnen (S)		o	–	–	+	o	–	+	+	+	o	+	–	+	+	+	o	+	o	–
Endivien (M)	o		o	+	o	o	–	–	o	o	o	o	+	o	o	o	o	o	o	o
Erbsen (S)	–	o		+	+	o	–	–	+	+	+	o	–	+	o	o	o	–	+	–
Fenchel (M)	–	+	+		+	o	o	o	o	+	o	+	o	o	o	o	o	–	o	o
Gurken (St)	+	o	+	+		o	+	+	o	+	o	o	+	–	+	+	o	–	o	+
Kapuzinerkresse (S)	o	o	o	o	o		o	o	o	o	o	o	o	+	o	o	o	+	+	o
Knoblauch (M)	–	o	–	o	+	o		–	o	o	+	o	o	o	+	o	o	+	o	o
Kohlarten (St)	+	+	+	o	+	o	–		o	+	o	+	+	+	+	+	+	+	o	–
Kohlrabi	+	o	+	o	o	o	o	o		+	o	o	+	+	+	+	+	+	o	o
Kopfsalat (M)	+	o	+	+	+	o	o	+	+		+	o	+	+	+	–	o	+	o	+
Möhren (M)	o	o	+	o	o	o	+	o	o	+		+	+	+	o	o	o	+	o	+
Pflücksalat (S)	+	o	o	+	o	o	o	–	o	o	+		o	+	+	o	o	+	o	o
Porree (St)	–	+	–	o	+	o	o	+	+	+	+	o		o	–	+	o	+	o	+
Radies./Rettich (S)	+	o	+	o	–	+	o	+	+	+	+	+	o		o	o	+	+	o	o
Rote Rüben (M)	+	o	o	o	+	o	+	+	+	+	o	+	–	o		o	o	+	o	+
Sellerie (St)	+	o	o	o	+	o	o	+	+	–	o	o	+	o	o		o	+	o	o
Spinat (M)	o	o	o	o	o	o	o	+	+	o	o	o	o	+	o	o		+	o	o
Tomaten (St)	+	o	–	–	–	+	+	–	+	+	+	+	+	+	+	+	+		–	o
Zucchini (M)	o	o	+	o	o	+	o	o	o	o	o	o	o	o	o	o	o	o		–
Zwiebeln (M)	–	o	–	o	+	o	o	–	o	+	+	o	+	o	+	o	o	o	–	

Die Tabelle zeigt die Wechselwirkung zwischen Gemüsetypen.

Früher ernten im Frühbeet, unter Tunnel und Vlies

Findige Gärtner haben schon einmal geerntet, wenn andere erst pflanzen. Radieschen, Salate, Spinat und Kohlrabi nutzen jeden Sonnenstrahl, wenn man sie vor Wind und Kälte schützt.

Frühbeete und Folientunnel
In vielen Gärten haben sich dafür Frühbeete bewährt, die man selber bauen oder im Handel erstehen kann.

Mit Glasfenstern abgedeckt, entwickeln sie ein feuchtwarmes Kleinklima, das gesäten Jungpflanzen und gepflanztem Gemüse gute Wachstumsbedingungen bietet. Allerdings sind Frühbeete aufwändig in der Pflege und müssen immer extra gegossen werden. Profigärtner haben längst auf Tunnels mit Folie umgestellt. Günstiger als eine plane transparente Folie ist Lochfolie, denn die Öffnungen verhindern, dass es für die Pflanzen bei schönem Wetter zu heiß wird.

Vlies
Unser Favorit heißt jedoch Vlies. Dieses federleichte, durchlässige Gespinst kann die Funktion eines Frühbeets ersetzen. Es schützt vor Wind, lässt wärmende Sonnenstrahlen durch, der Boden erwärmt sich bald, was die Pflanzen mit schneller Entwicklung danken. Um 4–5 Wochen früher als im Freien ernten wir Kopfsalat und Kohlrabi, Gurken gehen besser auf.

Das feine Gespinst erspart viel Arbeit, denn sowohl Regen als auch Gießwasser gelangen problemlos zu den Pflanzen. Dagegen wird Schädlingen wie Läusen, der Bohnenfliege, Schnecken und Wild genauso wie dem Hagel der Zugang verwehrt.

Ab Mai wird es unter Vlies zu heiß, dann tauscht man die Abdeckung gegen das etwas grobmaschigere Gemüsefliegen-Netz aus. Es schützt gegen anfliegende Schädlinge und sorgt für appetitliches Gemüse, das man gerne genießt.

Das gilt auch für den Winter, denn die Abdeckung auf Porree, Rosenkohl (Kohlsprossen), Zuckerhut oder Grünkohl verhindert das Verschmutzen mit Laub, Schnee und Eis, erleichtert die Ernte, bricht den Wind und schützt vor Wild.

Der leichte Schatten gleicht die Einwirkung von krassen Temperaturunterschieden aus und beugt damit Kälteschäden

Kulturschutznetz als Tunnel

vor. Lochfolie, Vlies und Netz kann man locker ausgebreitet über das Beet legen und an den Rändern mit Erde oder Steckern befestigen.

Für höhere Gewächse hat sich eine leichte Tragekonstruktion aus Metall- oder Kunststoffbügeln bewährt.

Mulchfolie

Schwarze Mulchfolie dient ebenfalls dem besseren Wachstum. Gurken, Melonen, Kürbisgewächse, Spargel, Salat und Erdbeeren profitieren von der Bedeckung des Bodens, die ihn erwärmt und „Unkraut“ unterdrückt. Gepflanzt wird in kreuzförmig eingeschnittene Löcher.

WICHTIG

Sorgen Sie schon zwei Wochen vor dem Auslegen dafür, dass Dünger ausgebracht und der Boden gelockert wird.

► *Kulturschutznetz bei Chinakohl*

Im Gewächshaus werden alle Wünsche wahr

Wer ein Gewächshaus hat, kann sich fast jeden grünen Traum erfüllen. Ist es beheizt, können darin Zitrusgewächse, Andenbeeren, Bananen oder Kübelpflanzen überwintern, bei genügend Wärme sogar Orchideen ein Tropenparadies entfalten.

Für die meisten Gemüse kommt man ganz ohne oder nur mit einer schwachen Heizung aus. Die Pflanzen wachsen von November bis Februar wenig, denn das fehlende Sonnenlicht begrenzt das Wachstum.

Für die Anzucht von Jungpflanzen allerdings lohnt sich in den Wintermonaten eine Zusatzbelichtung.

Ab Januar geht das Gartenjahr los – es ist Saatzeit für die Frühgemüse. Geld sparen die vielen Jungpflanzen von Gemüsen und Blumen aus eigener Anzucht.

Gewächshaus-Kulturfolgen rund ums Jahr
Schon im Frühling kann man fleißig ernten und zwar den überwinternden Feldsalat, Löffelkraut, Winterportulak und Spinat. Sie kommen ganz ohne Heizung aus. Gerade eben frostfrei wünschen es Schnittsalat, Pflücksalat, Kresse, Radieschen und Stielmus. Im Januar wird gesät und ab Ende März stehen diese Gemüse zur Ernte an. Dann folgen schon Kopfsalat, zarter Kohlrabi und Rettiche. Kurz vor dem Auspflanzen

Mischkultur im Gewächshaus

im Mai quillt jedes Gewächshaus über. Danach gibt es Platz für die Sommerkulturen. Bis Tomaten und Gurken im Juli das Gewächshaus ausfüllen, haben Stangenbohnen schon reichlich Ertrag gebracht und die Kultur beendet. Paprika, Auberginen und Melonen haben die gleichen Ansprüche. Man kann sie gut zwischen und an den Fuß der Hauptkulturen pflanzen, die an Schnüren oder Stäben in die Höhe streben. Gurken und Tomaten passen ins gleiche Haus. Damit der Pollen der Tomaten problemlos auf die Narbe fällt, darf er nicht verkleben. Tomaten sind daher in der Nähe von Türen und Lüftungsklappen gut aufgehoben. Gurken bevorzugen dagegen höhere Luftfeuchtigkeit und kommen mit Ecken und weniger Sonne besser zurecht.

Lückenfüller und Sprinter

Kresse, Radieschen und Schnittsalat eignen sich, das ganze Jahr über Lücken zu füllen. Mairüben und Knollenfenchel sind Kulturen für den Herbst, ebenso Endivien, Chinakohl, Radicchio und Zuckerhut. Außerdem können Sie Treibkulturen wie Rhabarber, Chicorée und spezielle Kräuter in Kübel pflanzen.

Ein Gewächshaus bietet Schutz für anspruchsvolle Kulturen.

Tipps zur Pflanzenanzucht

- *Übersieben Sie die Saatkistchen mit sauberem Sand, das hilft Umfallkrankheiten zu vermeiden.*
- *Ein Abdecken mit leichtem Vlies erhöht die Luftfeuchtigkeit und verhindert das Austrocknen. In der Keimphase ist das besonders wichtig.*
- *Vermeiden Sie das Pikieren (Umsetzen) der gebrechlichen Sämlinge, wo immer möglich. Jeweils 3–4 Samen direkt in Töpfchen säen, nach dem Aufgang verziehen und nur die stärkste Pflanze belassen. Das spart 2 Wochen Kulturzeit, Arbeit und mögliche Verluste.*
- *Vor dem Auspflanzen die Ballen mit flüssigem Dünger versorgen und durchdringend gießen. Damit erleichtern Sie das Anwachsen.*

Tomaten reifen im Gewächshaus.

Große Ernte auf kleiner Fläche

Ein grünes Paradies mit Gemüse und Kräutern kann man überall verwirklichen, sogar auf nacktem Beton im Hinterhof, auf der sonnigen Terrasse oder auf dem Balkon.

In Kästen und Kübeln wuchert es üppig in die Breite und hangelt sich an Stäben, Netzen oder Gittern empor.

Hochbeete – Minigärten mit Superertrag

Ein sonniges Plätzchen und ein bisschen Mut zum Gärtnern, mehr braucht man nicht für ein grünes Paradies auf kleinstem Raum. Die meisten Gemüse gedeihen auch in Kübeln, Kisten und Töpfen. Das Hochbeet aber ist der Clou.

Sichtbar gut geht es den Pflanzen in luftiger Höhe. Nur knapp 2 m^2 misst unser selbstgebautes Hochbeet. Es passt damit in kleinste Gärten, sogar auf Terrassen und größere Balkone.

Intensive Mischkultur bringt Superernten – man hat Mühe, all das viele frische Gemüse und die würzigen Kräuter zu essen. Erntezeit ist von April bis zum Frost.

Das gilt auch für die üppige Blumenpracht, denn ein Hochbeet lässt sich ganz unterschiedlich bepflanzen. Flott angestrichen kann es zudem ein dekoratives Element sein.

Übrigens: Bücken ist „out". Dank bequemer Höhe sind Säen, Pflanzen und Ernten entspannend und ein reines Vergnügen.

Nur knapp 2 m^2 misst dieses selbstgebaute Hochbeet.

Erntezeit am Gemüsebeet ist bei guter Planung rund ums Jahr. Erst gibt es Salat, Radieschen, Kresse und Rucola.

Dann machen würzige Rettiche und zarte Kohlrabis Platz für Tomaten, Melonen, Porree (Lauch), Brokkoli und Endiviensalat. Gurken und Pflücksalat liefern Dauerernten.

Im Kräuterhochbeet reift indessen Fenchel heran, ringsum halten Melisse, Porree, Oregano, Minze, Dill, Thymian, Sellerie und Petersilie allzeit aromatisch frische Triebe für Salate, Suppen und zum Grillen bereit.

Grünabfälle wandeln sich in Humus

Hochbeete sind Müllvermeider. Sie schlucken jede Menge Grünzeug und machen wertvollen Humus daraus.

Füllen Sie erst grobe, dann feinere Äste ein, gefolgt von Laub und gehäckselten Grünabfällen, schließlich als Abschluss reifen Kompost – in solcher Schichtung entsteht durch die Aktivität von Mikroorganismen bald milde Wärme.

Davon profitieren viele Pflanzen und bedanken sich mit

üppigem Wachstum, vor allem Wärme liebende Gewächse wie Gurken, Tomaten, Melonen und Paprika. Ein Tunnel darüber, bespannt mit engmaschigem Schutznetz oder dünnem Vlies: Schon wird ein Anzuchtbeet daraus, das sich mit Blumen- und Gemüsejungpflanzen im Nu rentiert. In fantastischer Qualität gedeihen hier auch Radieschen, Rettiche, Möhren (Karotten) und Salat. Unter der weichen Barriere wachsen sie auf Bio-Art geschützt vor Vögeln, Läusen, Maden, Schnecken und anderen Schädlingen. Solches Gemüse ist ein Genuss, herrlich frisch und appetitlich, richtig zum Reinbeißen. Das Hochbeet können Sie leicht selbst bauen. Der stabile Rahmen besteht aus Kantholz, darauf werden Profilholzbretter passend verschraubt.

Hochbeet

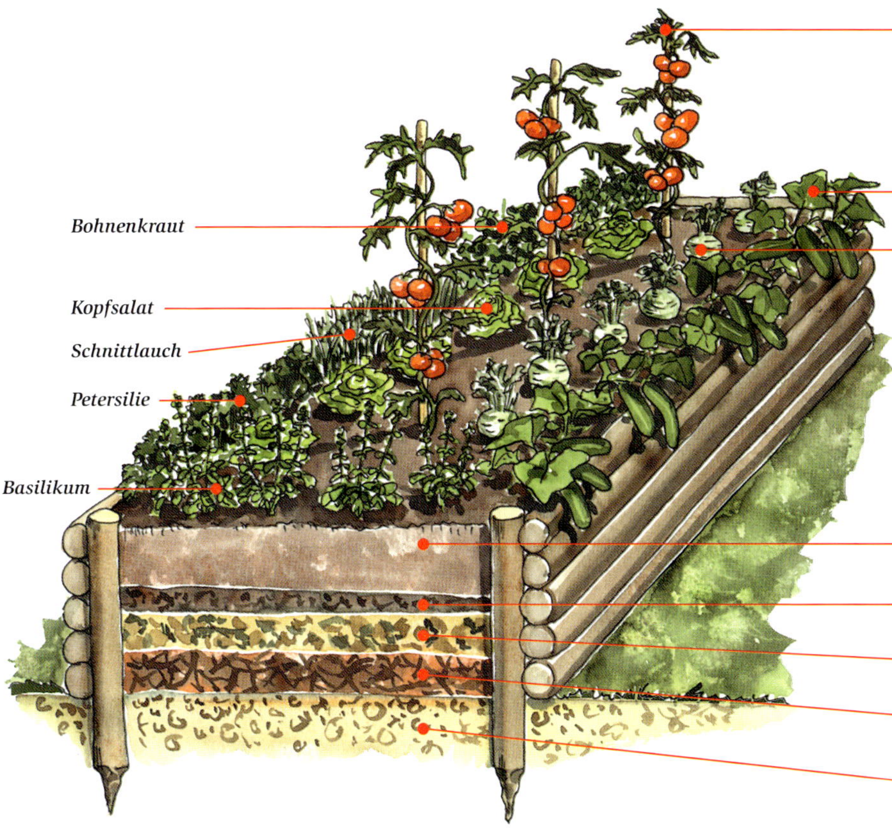

Ein Naschgarten passt überall hin

Reiche Ernten in Töpfen von Terrasse und Balkon

Es ist nicht unbedingt ein eigener Garten vonnöten, um das Blühen, Fruchten und Ernten zu genießen. Fast alle Pflanzen sind auch mit Gefäßen zufrieden, solange diese nicht zu klein sind, regelmäßig mit Nährstoffen versorgt werden und nicht austrocknen. Doch das lässt sich mit einer automatischen Tropfbewässerung gut in den Griff bekommen.

In Balkonkästen mit Wasserspeicher überstehen die Pflanzen ein Wochenende. Stühle, Tisch und Sonnenschirm – bald stellt sich Urlaubsstimmung ein.

Balkon mit Topftomate

Warum eigentlich immer nur Blumen auf Balkon oder Terrasse? Gemüse kann genauso zierend sein, und reichen Ertrag gibt es obendrein. Der wertvolle Platz lässt sich mit schnell wachsenden Pflanzen wie Tomaten, Feuerbohnen, Gurken, kletternden Zucchini oder Neuseeländer Spinat viel besser nutzen.

Wählen Sie die Kübel, Terrakotten und Pflanzbeete groß genug. Balkonkästen sollten wenigstens 20 cm Breite und Tiefe messen, damit sie nicht allzu rasch austrocknen. Geben Sie Ihren Pflanzen eine strukturstabile Erde, die sich nicht sofort verdichtet, und organischen Langzeitdünger. Vorgezogene Setzlinge von Salat und Kräutern gibt es schon ab Ende März zu kaufen. Man kann auch Saatbänder mit schnellem Balkongemüse auslegen und daraus zeitig knackige Radieschen und Salatrauke ernten.

Schnittsalat und Gartenkresse sind ebenso schnellwüchsige Kulturen, die in wenigen Wochen geerntet werden können. Pflücksalat wird Blatt für Blatt geerntet, von Mai bis in den Herbst. Er ist daher viel ergiebiger als Kopfsalat.

Für das Auge sind Kombinationen farbiger Sorten attraktiv. Ob in Balkonkästen, Körben oder größeren Ampeln – Salate brauchen nicht viel Platz und lohnen die Kultur.

Was wäre ein Balkongarten ohne Tomaten? Hierfür empfehlen sich besonders die kleinfrüchtigen süßen Kirschtomaten, vor allem wegen ihres Wohlgeschmacks. An windgefährdeten Plätzen ist man mit den

TIPP

Paprika bringt in Gefäßen beachtliche Erträge. Die Früchte sind nur anfangs grün, später gelb, violett, schwarz oder rot – je nach Sorte.

Die buschigen Pflanzen passen gut in Balkonkästen und sehen mit Früchten sehr dekorativ aus. Wenn man die erste Blüte ausbricht, steigert sich der Ertrag erheblich, denn nun kommen die vielen nachfolgenden Blüten zum Zuge.

nur 60 cm hohen Buschtomaten gut bedient. Für Ampeln gibt es Sorten mit hängendem Wuchs und kleinen Früchten (z.B. 'Pendulina').

Ein Augenschmaus sind Auberginen (Eierfrüchte) mit zartvioletten Blüten und schwarzglänzenden ei- oder keulenförmigen Früchten, die wie frisch gewienert aussehen.

► Paprika im Topf ist ein wahrer Augenschmaus.

Klettergemüse für Rankgitter und Pergolen

Rankgitter, Pergolen und Zäune warten darauf, begrünt zu werden. Umschlungen und durchdrungen von langen Ranken verwandeln sie jeden Garten in ein grünes Dschungelparadies und lassen Gartenräume entstehen, in denen man sich nicht nur herrlich erholen sondern auch kräftig ernten kann.

Klettergemüse braucht nicht viel Platz. Es gedeiht selbst in Gefäßen. Stangenbohnen kennt wohl jeder. Besonders gut eignen sich Feuerbohnen. Sie zählen eigentlich zum Gemüse, werden aber meist zur Zierde gebraucht. Voll besetzt mit feuerroten, weißen oder rotweißen Blüten schlingen sich lange Triebe in die Höhe, bedecken innerhalb kürzester Zeit mit dichtem Blätterdach Mauern, Zäune, Wände und – für Kinder interessant – ergeben leicht und schnell ein lebendiges Indianerzelt. Sie bringen ab Juli viele dicke, flache und sehr aromatische Hülsen hervor. Die Samen sind groß, wunderschön gefärbt und schmackhaft – ideal für Balkansalate.

Sehr wüchsig sind auch die Herkuleskeulen aus Sizilien (*Lagenaria siceraria* var. *clavata*). Die jungen Früchte werden wie Zucchini gegessen. Ausgewachsen erreichen sie leicht 150–200 cm Länge. Sie trocknen im Schatten zu festen, keulenförmigen Gebilden, die viele Jahre haltbar bleiben.

Kletterzucchini der Sorte 'Black Forest' erreichen 2 m Höhe und bringen bis zu 30 schmackhafte Früchte in der Länge von 15–20 cm hervor.

Auch zahlreiche rankende dekorative Kürbisse schmecken hervorragend. Zum Beispiel die farbenprächtige Bischofsmütze

Gemüse als Kletterpflanzen (einjährig)

Name	Botanischer Name	Trieblänge	Ernte	Besonderes
Armenische Gurke	*Cucumis melo* convar. *flexuosus*	2 m	Aug.–Sep.	sehr lange Früchte
Balsambirne, Bittergurke	*Momordia charantia*	2 m	Aug.–Okt.	braucht Wärme
Feuerbohne	*Phaseolus coccineus*	2 m	Juli–Okt.	rote Blüten
Gurke	*Cucumis sativus*	2 m	Aug.–Sept.	viel Ertrag
Herkuleskeule	*Lagenaria siceraria*	5 m	Juli–Aug.	sehr wüchsig
Höckermelone, Kiwano	*Cucumis metulifera*	3 m	Aug.–Sept.	grün ernten
Hörnchenkürbis	*Cyclanthera pedata*	3 m	Juli–Sept.	viele Früchte
Kapuzinerkresse	*Tropaeolum majus*	3 m	Aug.–Okt.	alles ist essbar
Kletterzucchini	*Sorte* 'Black Forest'	2 m	Juli–Okt.	kleine Früchte
Kürbis, div.	*Cucurbita pepo*	4 m	Aug.–Okt.	viele Arten
Melone	*Cucumis melo*	3 m	Aug.–Sept.	braucht Wärme
Stangenbohne	*Phaseolus vulgaris*	2 m	Juli–Sept.	viel Ertrag

Bittergurke oder Balsambirne

Armenische Gurkenmelone

(Türkenturban), der orangerote Carota- oder Birnenkürbis ('Ushiki-Kuri') oder der grüne Hokkaido ('Nutty Delica') mit gelbem Fleisch und Esskastanien-Geschmack.

Kletterkünstler sind die vielen Gurkensorten. Sie klimmen lieber an Gittern oder Zäunen hoch, als sich am nasskalten Boden aufzuhalten. Eine Besonderheit ist die Armenische Gurkenmelone (*Cucumis melo* convar. *flexuosus*) mit Melonenblättern und bis zu 70 cm langen Gurkenfrüchten. Zu den Gurkengewächsen gehört auch die Höckermelone, besser bekannt unter dem neuseeländischen Namen Kiwano. Ihre ockergelben Früchte mit gallertartigem dunkelgrünem Fleisch schmecken melonenartig. Vor allem die Zuckermelonen schätzen die Höhe. Im Gewächshaus und selbst im Freien an sonniger Stelle bringen die Sorten der mittelgroßen französischen Charantais-Melonen und der italienischen Netzmelonen sichere Erträge hervor. Sehr dekorativ ist die Balsambirne oder Bittergurke *(Momordia charantia)*. Ihre gewarzten hellgrünen Früchte färben sich zur Reifezeit orangerot und verlieren dann auch ihren leicht bitteren Geschmack. Der Hörnchenkürbis *(Cyclanthera pedata)* trägt duftende Blüten und zahlreiche hörnchenförmige Früchte, die in Olivengröße geerntet und als Salat oder sauer eingelegt wie Essiggurken genossen werden.

Gartenpraxis

Jeder Boden ist anders und auch das Kleinklima spielt eine bedeutende Rolle.

Ob Ihre Pflanzen gut wachsen, hängt entscheidend davon ab, ob sie genügend Licht bekommen.

Wichtig ist auch, dass Sie den Boden bis in den Untergrund lockern und überschüssiges Regenwasser abziehen kann.

Auf gutem Boden wächst alles besser

Im Boden finden Pflanzen Halt, um sich in die Höhe zu erheben, Feuchtigkeit und die Nährstoffe, die sie zum Leben brauchen. Wichtig ist seine Struktur, die in langen Zeiträumen durch die Mineralisierung von Gestein und die Tätigkeit von Milliarden von Kleinlebewesen entstanden ist. Ein guter Gartenboden soll locker und krümelig sein, keinesfalls verdichtet, denn Gieß- und Regenwasser muss abziehen können.

Wenig bekannt ist, dass Wurzeln viel Luft brauchen. Nur dann sind schnelle Keimung und gutes Wachstum zu erwarten.

Die wichtigsten Bodenarten

Sandböden sind nicht sehr fruchtbar, enthalten wenig Humus und müssen häufiger bewässert werden. Andererseits lassen sie sich leicht bearbeiten und nach Regen bald wieder betreten. Das Einbringen von viel Humus, organischem Dünger, Lehm oder dem Tonmineral Bentonit verbessert die Eigenschaften. Damit der Boden nicht austrocknet, ist Mulchen empfehlenswert.

Lehmböden können bei gutem Humusgehalt ideale Gemüseböden sein. Sie enthalten sowohl Sandkörner als auch feine Partikel (Schluff).

Strohmulch verhindert das Keimen von Unkraut und spart Gieß- und Hackarbeit. Auch andere organische Materialien können zum Mulchen verwendet werden.

Auch ihr Säuregehalt liegt im günstigen neutralen bis leicht kalkhaltigen Bereich.

Ton- und Marschböden enthalten zwar viele Nährstoffe, doch ihre Struktur ist tonig, sodass sie leicht verkleben und oft tagelang nach Regen nicht betreten werden können. Wurzelgemüse gedeihen hier schlecht, Kohl und Porree dagegen gut. Tiefes Lockern durch Graben im Herbst und Einbringen von Humus, Gründüngung und Sand verbessern die Struktur. Ist der Boden zu hart oder verunkrautet, bietet sich das Hochbeet als sinnvolle Alternative an.

Wenn Sie sich Klarheit über den Zustand Ihres Bodens verschaffen wollen, ziehen Sie eine Probe von ca. 500 g Erde, an verschiedenen Stellen entnommen und gut durchmischt, und senden Sie die Probe an eine Untersuchungsanstalt (Adressen siehe S 96). Sie erhalten dort auch Ratschläge zur Düngung.

Hacken, Mulchen und Giessen

Das Hacken lockert den Boden und beseitigt nicht erwünschte Beikräuter. Es unterbricht auch die an die

Der frühe Morgen ist die beste Zeit zum Gießen.

Oberfläche führenden Kapillarröhrchen, durch die sich der Boden entwässert, und stoppt damit das Verdunsten.

Gleichzeitig gelangen aber Luft und Licht an weitere Unkrautsamen, sodass sie bald keimen. Dagegen hilft eine 4–6 cm dicke Schicht aus organischem Material, das sogenannte Mulchen.

Rasenschnitt, Häcksel von Stroh, Holzspänen, Rinde oder Grünabfällen, Blätter und grober Rohkompost stellen den Boden ruhig, sparen viel Gieß- und Hackarbeit und weitgehend das Jäten. Mulchen fördert Bodenbakterien und nützliche Kleintiere und hält die Kapillarröhrchen intakt.

Düngen und kalken Sie jedoch vor dem Abdecken etwas mehr als sonst. Am frühen Morgen ist die beste Zeit zum Gießen, abends lockt man die Schnecken an.

Wässern Sie lieber ein- bis zweimal pro Woche sehr gründlich als jeden Tag ein bisschen, immer gezielt an die Pflanzen.

Bodenfruchtbarkeit

Organische Dünger, Mineraldünger und Langzeitdünger

Humus ist ein Naturprodukt. In den krümeligen braunen Klümpchen lagern sich feinste Mineralien und Wasser an, mit dessen Hilfe die Wurzeln Nährstoffionen aufnehmen und transportieren können. In dieser Form ist es für die Pflanzen nicht relevant, ob der Dünger organisch oder mineralisch war. Der Vorteil organischer Dünger wie Hornspäne, Blutmehl oder Mist ist die sanfte Form der Umsetzung durch ein Heer von Bodenlebewesen, denen er als Nahrung dient, bevor er in Moleküle zerlegt wird. Es gibt keine Verbrennungen, aber auch keine gezielte und schnelle Wirkung. Mineraldünger können, im Übermaß gegeben, zum Auslaugen der Zellen führen. Die Nährstoffe stehen jedoch schnell zur Verfügung und erlauben eine genau dosierte Verwendung, bei akutem Nährstoffmangel kann man sie sogar flüssig über die Blätter ausbringen. Die Kügelchen der mineralischen Langzeitdünger dagegen stellen die Nährstoffe erst nach und nach zur Verfügung; es gibt auch hier keine Verbrennungen.

Kompost

Zur Grundversorgung der Böden ist Kompost, das „braune Gold des Gärtners", gut geeignet. Innerhalb von 1–3 Jahren, mit Komposttonne als Mulchkompost auch schneller, wandeln Asseln, Regenwürmer, Tausendfüßler, Käfer, Milben, Springschwänze, Bakterien und zuletzt Pilze organische Abfälle aus dem Garten in fruchtbaren Kompost um. Das Endprodukt sind wertvoller Humus und Nährstoffe für die nachfolgenden Pflanzen. Da Kompost auch düngende Salze enthält, sollten Sie alljährlich nicht mehr als 6–7 Liter/m^2 ausbringen, das ist eine Schicht von weniger als 1 cm. Nicht auf den Kompost gehören samentragende und Wurzel-Unkräuter, mit Welkepilzen oder Kohlhernie befallene Pflanzen, Essensreste, Knochen und Fleisch, farbig bedruckte Zeitungen und alle festen Bestandteile wie Glas oder Metall. Ansonsten können Sie alle Grünabfälle verwerten, auch zerkleinerte Eierschalen und Beutel mit Kaffee oder Tee.

Gründüngung

Nach der Ernte brauchen ausgezehrte Böden neue Nahrung. Am besten lässt sich dies mit Gründüngung bewirken, also mit Hilfe von Pflanzen, die viel Blatt- und Wurzelmasse entwickeln. Sie werden bei Blühbeginn oder nach den Frösten abgemäht und in den Boden gebracht, wo sie den Bodenlebewesen als Nährhumus dienen.

- Gründüngung beschattet den Boden. Das Bodenleben entwickelt sich deshalb optimal.
- Leguminosen wie Lupinen, Kleearten, Luzerne, Esparsette und Winterwicke filtern natürlichen Stickstoff aus der Luft und speichern ihn in Wurzelknöllchen.
- Gründüngung fängt Düngerreste in Blättern, Trieben und Wurzeln auf, das Abdriften in den Untergrund unterbleibt.
- Gründüngung gleicht (z.B. mit Bienenfreund *(Phacelia)* allzu enge Fruchtfolgen aus und mit Studentenblumen *(Tagetes)* kann man schädliche Fadenwürmer *(Nematoden)* bekämpfen.

TIPP

Gründüngung verbessert den Boden preisgünstig auf natürliche Weise. Schwere Böden werden durch die Wurzeln gelockert und durchdrungen. Leichte Böden erhalten damit viel Humus.

- Saatzeit ist von April bis September. Der ideale Monat ist August.

Gründüngungspflanzen für jeden Zweck

Art	Saat	winterhart	Saatmenge	Boden	Bemerkungen
Ackerbohne	Feb.–Ende Juli	nein	20 g/qm²	jeder	Tiefwurzler, Stickstoffsammler
Lupine	Apr.–Ende Aug.	nein	20 g/qm²	leicht	Tiefwurzler, Stickstoffsammler
Buchweizen	Mai–Juni	nein	10 g/qm²	sauer	Bienenfutter
Erdklee	Mai–Ende Juli	nein	3 g/qm²	jeder	Hummelfutter, Untersaat in Beerenkulturen
Esparsette	März–Mi. Aug.	nein	4-5 g/qm²	Lehm	Stickstoffsammler
Deut. Weidelgras (Raygras)	März–Ende Aug.	ja	8-10g/qm²	jeder	viel Wurzelmasse
Gelbsenf	April–Anf. Sept.	nein	10g /qm²	schwer	nicht auf sandigen Böden, schnellw.
Inkarnatklee	Mai–Ende Juni	ja	3-4g/qm²	leicht	Stickstoffsammler
Luzerne	Apr.–Mi. Aug.	ja	2 g /qm²	schwer	Stickstoffsammler, Tiefwurzler
Ölrettich	Aug.–Anf. Sept.	nein	4 g/qm²	jeder	Tiefwurzler, nematodenfangende Sorten
Perserklee	Apr.–Mi. Aug.	ja	4 g/qm²	jeder	guter Stickstoffsammler
Phacelia	April–Anf. Sept.	nein	1,5g/qm²	jeder	leicht wachsend
Futtererbsen	Apr.–Ende Aug.	nein	25g/qm²	jeder	Stickstoffsammler
Roggen	Sept.–Nov.	ja	16g/qm²	jeder	bis zum Frost zu säen
Serradella	Mai–Aug.	ja	20-25g/qm²	jeder	Stickstoffsammler
Winterraps	Juli–Ende Aug.	ja	2 g/qm²	jeder	viel Blatt u. Wurzeln
Sommerwicke	Juni–Juli	nein	18g/qm²	jeder	Stickstoffsammler
Winterwicke	Sept.–Okt.	ja	15 g/qm²	jeder	Bodendecker
Spinat	März–Sept.	ja	10 g/qm²	jeder	in Sätzen säen
Tagetes	Mai–Anf. Aug.	nein	1 g/qm²	jeder	bekämpft Nematoden

Außerdem mehrere im Handel erhältliche Mischungen, die günstige Eigenschaften verschiedener Arten kombinieren.

Fruchtwechsel

Wer die gleichen Kulturen immer wieder auf dieselbe Stelle bringt, darf sich über eine Vermehrung der Schädlinge und Krankheiten nicht wundern.

Die Pflanzen entziehen einseitig Nährstoffe, kümmern und die Erträge bleiben aus. Wer dagegen die Gemüse nach einem festen Plan über 4 (besser 6–7) Jahre hinweg beetweise rotieren lässt, hält den Boden gesund und entgeht den Folgen der Monokultur. Nach dem Modell der mittelalterlichen Vierfelderwirtschaft wird entsprechend dem Nährstoffbedarf gewechselt.

Wichtig

Vermeiden Sie die Kombination verwandter Gemüse, denn sie leiden unter den gleichen Krankheiten und entziehen dieselben Nährstoffe. Besonders gefährdet sind alle Mitglieder der Kohlfamilie, zu denen sowohl Brokkoli, Blumenkohl, Weiss- und Blaukraut, Radieschen, Rettiche, Chinakohl, Kohlrabi und Brunnenkresse gehören wie die Gründünger Senf und Ölrettich sowie Blumen wie Goldlack und Levkojen. Die Erreger der Kohlhernie halten jahrelang im Boden aus. Sie verursachen verdickte Wurzeln und Kümmerwuchs.

- Im ersten Jahr wird das Beet durch Gründüngung oder Stickstoffsammler wie Erbsen, Bohnen und Dicke Bohnen mit Nährstoffen „aufgeladen“.
- Hierauf folgen im zweiten Jahr Starkzehrer wie Tomaten, Lauch oder Weisskohl.
- Mittelzehrer wie Salate, Mairüben oder Spinat folgen im dritten Jahr.
- Im vierten nutzen Schwachzehrer wie Radies, Bohnen oder Erbsen die restlichen Nährstoffe.

Erbsen und Bohnen führen dem Boden Nährstoffe zu. Sie zählen zu den Schwachzehrern.

Anbau und Pflege

Gemüse, die immun gegen Krankheiten und Läuse, Gemüsefliegen und andere Schädlinge sind, erhält man durch richtige Fruchtfolge und pflegeleichte Sorten.

Doch ganz ohne Pflege geht es nicht. Wer zu dicht sät, kommt ums Verziehen nicht herum.

Als Lohn aber winken perfekte Früchte und reichliche Ernte.

Aussaat im Warmen und Jungpflanzenanzucht

Ist aussäen nicht etwas Schönes? Gartenträume werden Wirklichkeit, sobald der Samen in die Erde gelangt.

Für frühe Gemüse und solche aus tropischen Ländern mit langer Anzuchtzeit beginnt der Start schon in den Wintermonaten. Treibkohlrabi macht den Anfang gleich nach Weihnachten.

> **TIPP**
>
> *Statt Aussaaterde zu kaufen können Sie eigenen Reifekompost verwenden, allerdings nur nach dem Sterilisieren. Füllen Sie dafür den Kompost in eine Bratfolie und erhitzen Sie alles im Backofen für 20–30 Minuten bei 150–180 °C. Anschließend bald verwenden. Als Erde ist reiner Torf ungeeignet, weil ihm der Kalk fehlt. Blumenerde enthält zuviel Dünger, sodass die empfindlichen Wurzeln der Sämlinge verbrennen.*

Frühkohl und Blumenkohl (Karfiol) folgen im Januar, ab Februar bis März Paprika, Tomaten und Auberginen, im April Melonen, Gurken und Kürbisgewächse.

Aussaat

Zur Aussaat füllt man das Gefäß bis zum Rand mit Substrat, drückt mit einem Brettchen oder der Handfläche an und sät gut verteilt aus. Eine dünne Schicht Erde sorgt für dunkle Keimbedingungen.

Besonders feine Samen oder Lichtkeimer werden nicht abgedeckt. Anschließend angießen und hell, nicht sonnig bei Zimmertemperatur aufstellen. Wenn Sie etwas mehr Platz haben, können Sie wie Profigärtner jeweils 2–3 Samen in Topfplatten oder Torfquelltöpfe (z.B. Jiffy 7) säen.

Kürbissämlinge im Torfquelltopf

Nach dem Aufgang darf nur die beste Pflanze weiterwachsen. Das Vereinzeln (Pikieren) wird so gespart.

Pikieren

Sobald die Keimlinge gut fassbar sind, setzt man sie in neue Erde mit mehr Platz nach allen Seiten. Mit einem Pikierstab aus Plastik oder einem Hölzchen werden die Keimlinge herausgehoben und die Wurzeln etwas eingekürzt, was zur Bildung von Seitenwurzeln anregt.

Bis zu den Keimblättern tief setzt man das Pflanzenbaby an neuer Stelle in die Erde. Leichter Druck von 2 Seiten mit dem Pikierstab gibt den nötigen Bodenschluss.

Nun wird mit feiner Brause angegossen. An einem hellen Platz, nicht jedoch in praller Sonne, wachsen die Jungpflanzen weiter.

Rückt der Termin des Auspflanzens näher, erhalten die Jungpflanzen noch eine flüssige Startdüngung. Günstig ist es auch, sie reichlich zu lüften oder tagsüber ins Freie zu stellen. Das härtet sie ab und macht sie fit für das Anwachsen im Freien.

TIPPS

Kontrollieren Sie die Keimtemperatur mit einem Thermometer. Legen Sie es auf die Fensterbank zur Saat. Besonders auf Fensterbänken mit Verbindung nach draußen treten leicht Kältebrücken auf. Folge: Die Keimung wird verzögert oder der Samen keimt nicht. Legen Sie ein Holzbrett oder Styropor unter die Saatschale.

Stecken Sie die Aussaatschale nach dem Angießen in einen transparenten Folienbeutel oder unter eine Schrumpffolie. Sie trocknet so bis zum Aufgang nicht aus. Dann ist die Folie sofort zu entfernen.

Aussaat auf der Fensterbank

Tipps und Tricks zur Aussaat im Freien

Der Frühling muss Einzug gehalten haben, bevor die Aussaat im Freien beginnt. Keimende Samen brauchen nicht nur Feuchtigkeit, sondern Wärme und viel Sauerstoff. Warten Sie deshalb im März noch einige Tage, bis der Boden abgetrocknet ist und nach Regen nicht mehr schmiert. Anderseits ist es wichtig, die Samen an den Strom der Bodenfeuchte anzuschließen, die in den feinen Kapillarröhrchen aufsteigt. Damit das im Winter entstandene Gefüge nicht durcheinander kommt (und die Samen nicht im austrocknenden Boden liegen), wird im Frühling nicht mehr gegraben, sondern nur mit dem Kultivator oder der Harke (Rechen) die Oberfläche ganz leicht gelockert und feinkrümelig geebnet. Nun lassen sich mit Schnüren und Reihenzieher die Beete einteilen. 20–25 cm sind ein gängiger Reihenabstand. Nicht tiefer als 2–5 cm, je nach Pflanzenart, sollen die Rillen sein, denn sowohl die meist feinen Samen von Salat oder Möhren (Karotten) als auch Erbsen und Bohnen wollen „die Glocken läuten hören". Möglichst dünnes Auslegen des Samens ist wichtig, dann braucht man später weniger zu verziehen. Geübte lassen ihn Korn für Korn zwischen den Fingern im Abstand von 2–5 cm fallen. Meist wird man ihn ganz vorsichtig aus der geöffneten Samentüte schütteln oder durch leichtes Klopfen herausfallen lassen. Ziehen Sie

Fehler bei der Aussaat

① *Zu tiefe Lockerung des Bodens. Der Samen liegt lose, hat keinen Anschluss an die Kapillaren. Viele Samen vertrocknen.*

② *Zu nasse, verschlammte und verkrustete Oberfläche. Die Keime verkümmern.*

③ *Der Boden wurde im Frühjahr noch gegraben und ist nicht genügend abgesetzt. Der Keimerfolg hängt von Zufällen ab.*

④ *Der Boden ist genügend abgesetzt und die Kapillaren führen Feuchtigkeit aus dem Untergrund heran. Die Oberfläche wurde nur 2–3 cm, also flach, gelockert, der Samen gut angedrückt. Sauerstoffhaltiges, lockeres Substrat darüber erlaubt freudiges Keimen.*

nach dem Säen mit der Harke (Rechen) lockere Erde darüber. Wichtig ist das Andrücken mit dem Harkenrücken. Dadurch erhält der Samen Bodenkontakt. Erst danach wird mit feiner Brause gründlich angegossen, ohne den Boden zu verschlämmen. Bis zum Aufgang nicht austrocknen lassen!

Genug Platz zur Entwicklung
Manche Jungpflanzen fühlen sich in Gemeinschaft wohler und stützen sich gegenseitig, wenn sie (wie zum Beispiel Bohnen oder Mais) bei vollem Behang umzufallen drohen.

Horstsaat: 3–6 Samen legt man in eine flache Mulde und häufelt nach dem Aufgang rundherum an.

Markiersaat: Da Möhren (Karotten) lange zum Keimen brauchen, mischt man einige Körner schnell wachsender Radieschen oder Schnittsalat dazwischen. Sie zeigen bald die Reihen auf, erlauben frühzeitig das Lockern und Hacken.

Saatbänder: Sie sind eine wertvolle und beliebte Hilfe, wenn man sich das spätere Verziehen sparen will. In Streifen aus Papier ist der Samen schon dünn verteilt in günstigem Abstand ausgelegt.

Pillensaatgut: Der oft sehr feine Samen von Salat, Möhren oder Kohl ist mit Tonmehl umhüllt. Damit kann man die Körner gut fassen und gleich im richtigen Abstand auslegen.

Vlies und Schlitzfolie: Beide halten die Saatbeete lange Zeit feucht und fördern den Aufgang. Günstiges Kleinklima lässt die Jungpflanzen darunter besser gedeihen.

1.) Nach dem Winter das Beet durch flaches Lockern saatfertig herrichten.

2.) Der Reihenzieher stellt flache Rillen her.

3.) Dünn und gleichmäßig wird der Samen verteilt.

4.) Das Andrükken ist wichtig, damit der Samen Bodenschluss findet. Dann durchdringend gießen.

Was tun gegen Krankheiten und Schädlinge

Genug Nährstoffe, Wasser, Licht, Mischkulturen und aufmerksame Pflege sind wichtige Voraussetzungen, damit Gemüse nicht von Krankheiten und Schädlingen angegriffen wird. Nur schwache Pflanzen werden leicht zur Beute von Pilzen, Läusen und Bakterien.

Die Wahl der richtigen Sorte entscheidet oft über Erfolg und Misserfolg – Robustes und Bewährtes ist Billigem meist überlegen. Daneben kann die moderne Züchtung auf erhebliche Fortschritte verweisen.

> **TIPP**
>
> *Samenmischungen für Nützlinge sind ein einfaches, wirkungsvolles und obendrein noch herrlich buntes Mittel, um zahlreiche der kostenlosen Helfer anzulocken. Besäen Sie im Frühjahr 1–2 m² an sonniger Stelle oder bringen Sie den Samen in größeren Gefäßen aus.*

Voraussehbaren Problemen kann man mit widerstandsfähigen Sorten auf elegante Art aus dem Wege gehen, z.B. mit Kopfsalaten wie ‘Dynamite’, ‘Fiorella’ oder Eissala-

ten ‘Barcelona’ und ‘Fortunas’, auf denen sich Blattläuse nicht mehr niederlassen, Möhren (Karotten)wie ‘Flyaway’ oder ‘Ingot’, um die Möhrenfliegen einen Bogen machen oder Gurken, die resistent sind gegen Viren, Krätzekrankheit und Mehltau.

Gentechnik ist dabei nicht im Spiel. Die Züchter haben Wildarten eingekreuzt, ein Griff in die Trickkiste der Natur, die im Laufe der Entwicklung viele Abwehrmechanismen entwickelte.

Auch Pflanzenstärkungsmittel wie z.B. Schachtelhalmbrühe versuchen, dem Befall vorzubeugen. Tritt er dennoch einmal ein, lohnt es oft nicht, mit chemischen Pflanzenschutzmitteln zu spritzen. Raupen an Kohl kann man bei einer Kontrolle der Blätter zerdrücken und starker Läusebefall hält meist nicht lange an, weil sich auch nützliche Gegenspieler wie z.B. Marienkäfer vermehren.

Nützlinge gegen Schädlinge

Schon Wilhelm Busch wusste als einer der ersten Biogärtner von den Nützlings-Aktivitäten der Schwebfliegen und der zartgrünen Florfliegen. Im Gedicht „Duldsam“ hat er sie humorvoll beschrieben.

„Blattlauslöwen“ heißen die Florfliegen-Larven. Mit ebenso unersättlichem Appetit gehen die Larven der für den Menschen harmlosen Schwebfliegen (sehen wie kleine Wespen aus) auf Jagd nach Läusen, Spinnmilben, Weißen Fliegen, Schildläusen und anderen saugenden Schädlingen. Jede der ca. 100 Nachkommen einer Schwebfliege kann im Larvenstadium 200–400 Läuse fressen. Im Gegensatz dazu sind die erwachsenen Tiere Vegetarier. Pollen jeder Art ist ihre Nahrung, meist von Dill, Koriander, Kerbel, Fenchel, Mohn und vielen ungefüllten

Sommerblumen. Gibt es Probleme im Gewächshaus, können Sie auf zahlreiche Nützlinge zurückgreifen, die man im Fachhandel oder -versand bestellen kann.

Gut bewährt haben sich Raubmilben gegen Spinnmilben an Gurken, Melonen, Stangenbohnen und Tomaten; Räuberische Gallmilben und Florfliegen gegen Blattläuse an Paprika, Salat und Jungpflanzen; Erzwespen, die in die Schädlinge ihre Eier legen, gegen Weiße Fliegen an Gurken, Paprika und Melonen.

Vergessen Sie nicht, im Gewächshaus gelbe Leimtafeln aufzuhängen – giftfreie Fallen vor allem für die Weiße Fliege.

Duldsam

Des Morgens früh, sobald ich mir
Mein Pfeifchen angezündet,
Geh' ich hinaus zur Hintertür,
Die in den Garten mündet.

Besonders gern betracht' ich dann
Die Rosen, die so niedlich;
Die Blattlaus sitzt und saugt daran
So grün, so still, so friedlich.

Und doch wird sie, so still sie ist,
Der Grausamkeit zur Beute;
Der Schwebefliegen Larve frißt
Sie auf bis auf die Häute.

Schlupfwespchen, flink und klimperklein,
So sehr die Laus sich sträube,
Sie legen doch ihr Ei hinein
Noch bei lebendgem Leibe.

Sie aber sorgt nicht nur mit Fleiß
Durch Eier für Vermehrung;
Sie kriegt auch Junge hundertweis
Als weitere Bescherung.

Sie nährt sich an dem jungen Schaft
Der Rosen, eh' sie welken;
Ameisen kommen, ihr den Saft
Sanft streichelnd abzumelken.

So seh' ich in Betriebsamkeit
Das hübsche Ungeziefer
Und rauche während dieser Zeit
Mein Pfeifchen tief und tiefer.

Daß keine Rose ohne Dorn,
Bringt mich nicht aus dem Häuschen.
Auch sag ich ohne jeden Zorn:
Kein Röschen ohne Läuschen!

Wilhelm Busch

Blüten für Nützlinge

Was tun gegen Schnecken?

Es gibt wohl keinen Schädling, der im Garten so viel Schaden anrichten kann, wie Schnecken. Kaum ist der Schnee geschmolzen, machen die aus Eiern geschlüpften Tiere kurzen Prozess mit zarten Keimlingen oder gerade gepflanzten Feingemüsen.

Oft wird der Schaden erst bemerkt, wenn nichts mehr übrig ist. Um die Plage im Ansatz zu ersticken, sind die letzten Märzwochen viel wichtiger als der Sommer.

- Entfernen Sie alles Laub und lockern Sie den Boden mit Kralle oder Hacke. So wird Eiern und Jungschnecken der Schutz genommen. Vögel, Spitzmäuse und Nützlinge können sie leichter finden.

- Die sicherste Methode ist die Errichtung einer „Hochsicherheitszone“ für besonders empfindliches Gemüse wie Salate, Kohlrabi und Aussaaten, geschützt mit einem Schneckenzaun. Die steil abgekanteten Zaunränder sind für die Tiere unüberwindlich.

- Altbewährt ist das Auslegen von Brettern oder Rindenstücken über Nacht. Entfernen Sie morgens die Schnecken, die sich über Nacht darunter gesammelt haben. Hühner freuen sich über die schmackhafte Speise.

- Halten Sie die Mulchdecke dünn, damit sich die Tiere nicht darin oder darunter verkriechen können.

- Gießen Sie immer gezielt, nie flächig und besser morgens als abends.

- Bearbeiten Sie den Boden zeitig im Herbst, bevor sich die Tiere in Ritzen verstecken. Harken Sie die Beete glatt. So liegen die Eier sichtbar obenauf, für Nützlinge eine leichte Beute.

- Wenn Sie Schneckenkorn streuen, wählen Sie ein umweltfreundliches Produkt. Streuen Sie nach dem Winter, wenn frisches Grün noch knapp ist.

Kompost ist ein Tummelplatz für Schnecken.

Erntetipps: Frisch schmeckt Gemüse am besten

• Tomaten sind erst dann ein echter Genuss, wenn man sie frisch und reif von der Pflanze pflückt. Viel Sonne und Wärme gehören dazu, damit sich die Aromastoffe voll ausbilden können. Wärme um 15–18° C brauchen auch die letzten grün gepflückten Tomaten, die in flachen Kisten nachreifen sollen. Lagern Sie Tomaten nicht im Kühlschrank, denn er nimmt ihnen jeden Geschmack.

• Erbsen dürfen nach dem Pflücken der Hülsen nicht lange liegen bleiben, sonst wandelt sich ihr Traubenzucker in geschmacklose Stärke.

• Das Gleiche gilt für Zuckermais. Verwenden Sie extra süße Sorten, dann behalten die Kolben viel länger ihr süßes Aroma.

• Suchen Sie einen Salat, der auch im Sommer nicht in die Höhe schosst, dann sind Sie mit Eissalat gut bedient.

• Lange haltbar bleibt Gemüse, wenn man es sofort nach der Ernte wäscht und auf +4–5° C herunterkühlt. Der Kühlschrank ist hierfür gut geeignet. Besonders bei Spargel, Spinat und Radieschen ist schnelles Handeln von Vorteil.

• Besser als in manchem Kellerlager halten sich Eissalat, Chinakohl, Radicchio und Endivien im Gemüsefach Ihres Kühlschranks, wenn Sie in Folie eingewickelt werden.

• Vom Zuckerhutsalat können Sie täglich je nach Bedarf Scheiben abschneiden.

• Die meisten Kürbisse sind kühl und trocken erstaunlich lange lagerfähig. Noch im März kann man sie zu schmackhaften Pürees, Suppen oder Kuchen verarbeiten.

• Die beste Erntezeit ist der Abend. Dann hat das Gemüse noch Sonne und Aroma getankt, Nitrate aber abgebaut.

Tomaten, zum Nachreifen ausgelegt

Frisches Gemüse, das ganze Jahr über

Appetitmacher sind die ersten Salate nach dem Winter. Frühe Radieschen und würzige Rettiche erwartet man schon voller Ungeduld.

Später naschen Kinder und Erwachsene gerne von süßen Erbsen und sonnenverwöhnten Tomaten.

Und in der kalten Jahreszeit decken schmackhafte Wintergemüse den Tisch.

Hülsenfrüchte

Süße Erbsen und Wachtelbohnen

Erbsen, Buschbohnen, Stangenbohnen, Feuerbohnen und die Puff- oder Dicken Bohnen gehören zu den besonders nahrhaften und proteinreichen Hülsenfrüchten.

Als Schmetterlingsblütler (Leguminosen) sind sie in der Lage, natürlichen Stickstoff aus der Luft zu filtern, in Wurzelknöllchen einzulagern und damit den Boden anzureichern. Sie ernähren sich damit weitgehend selbst, brauchen wenig Stickstoffdünger (Kompost reicht) und bilden sogar eine wertvolle Vorfrucht für andere Gemüse. Seit über 10.000 Jahren nutzt die Menschheit vor allem die trockenen, kalorienreichen Körner als Vorrat für den Winter.

Die meist besonders dekorativen und schmackhaften Samen der Trockenkochbohnen (in Italien Borlottis, in Österreich Wachtelbohnen, in Amerika Kidneys genannt) sind leider auf dem Rückzug. Fast ausschließlich werden heute in der Küche die zarten, grünen Hülsen oder Körner genutzt.

Stangenbohnen *(Phaseolus vulgaris)* tragen in Büscheln lange, fleischige, runde oder flachrunde Hülsen. Sie können wie Buschbohnen als Trockenbohnen und Fisolen, je nach Sorte, genutzt werden. An 2–3 Meter langen Stangen oder Netzen tragen sie hohe Erträge und eignen sich deshalb besonders für kleine Gärten.

'Neckarkönigin', 'Neckargold', 'Blauhilde', 'Kipflerbohnen' und, gesprenkelt mit gutem Geschmack, 'Bernerlandfrauen' sind gute Sorten.

Wachtelbohnen 'Feuerzungen'

Stangenbohnen 'Markant'

Buschbohnen
Der ursprünglich kletternde Wuchs wurde den Buschbohnen *(Phaseolus vulgaris* var. *nanus)* im Laufe der Jahrhunderte abgewöhnt. Sie tragen viele 10–20 cm lange, fleischige Hülsen an buschigen, meist standfesten Pflanzen. Fast alle Sorten haben grüne Hülsen, doch es gibt auch blaue, gelbe und gesprenkelte, die in der Regel hervorragend schmecken. Besonders leicht zu pflücken sind Züchtungen im „Gluckentyp" wie z.B. 'Maxi' (grün) oder 'Golden Teepee' (Wachsbohne). Bei ihnen stehen die Hülsen gut sichtbar über dem Dach der Blätter.

Besonders geschmacksintensiv sind die aus Frankreich stammenden langen Filetbohnen (Sorten 'Caruso', 'Delinel', 'Primel', 'Telstar').

Leider sind nicht alle dieser Sorten fadenlos. Das spielt bei echten Bohnen-Fans keine Rolle. Feinschmecker pflücken sie extrem früh in Bleistiftdicke.

Buschbohnen sät man von Mai bis Anfang Juli, entweder in Reihen von 30–40 cm Abstand, Samenabstand 5–6 cm und nur 3 cm tief oder in Horsten von je 5–7 Samen alle 30–40 cm. Nach dem Keimen wird angehäufelt, was die Standfestigkeit verbessert. Sobald sich die Blüte ankündigt, brauchen alle Bohnen genügend Wasser. Bei Trockenheit bleiben die Hülsen kurz, verkrüppeln oder werden gar abgeworfen. Übrigens: Herbsternten bringen besonders zarte Hülsen.

Was sind …?

***Wachsbohnen** nennt man gelbe Sorten von Busch- und Stangenbohnen. Sie sind knackiger als grüne und besser für Bohnensalat geeignet.*

***Blaue Bohnen** (Sorte 'Purple Teepee') schmecken intensiver und wechseln beim Kochen zur grünen Farbe.*

***Speckbohnen** sind rundhülsige Sorten von Stangenbohnen.*

***Filetbohnen** nennt man Buschbohnen mit langen, dünnen, feinen Hülsen mit besonders aromatischem Geschmack.*

***Schwertbohnen** sind Sorten mit flachen Hülsen.*

***Prinzessbohnen** haben besonders zarte, 9–11 cm kurze Hülsen, die in Büscheln an der Pflanze hängen.*

***Trockenkoch- oder Wachtelbohnen** werden meist als halbreife oder trockene Samen genutzt. Sie ergeben schmackhafte Suppen oder Salate.*

Blaue Buschbohnen 'Purple Teepee'

TIPP

Aus den herrlich violett-schwarz gefleckten Samen entsteht in kürzester Zeit ein schnellwüchsiges Indianerzelt für Kinder.

Feuer- oder Prunkbohne

Prunk-, Woll- oder Feuerbohnen

Auch die nahe verwandten Prunk-, Woll- oder Feuerbohnen *(Phaseolus coccineus)* gelangten erst nach der Entdeckung Amerikas nach Europa. Weil Feuerbohnen dekorative rote, weiße oder weiß-rote Blüten tragen, ergeben sie eine preisgünstige Balkonbegrünung, die auch noch im rauen Bergland oder in windigen Küstengebieten gedeiht. Typisch für die Südost-Steiermark sind die violett-schwarz gesprenkelten Steirischen Käferbohnen.

Kultur: Kletternde Bohnen sät man von Mai–Juni, je 5–7 Korn rund um die Stangen. Auf dem Gemüsebeet stehen die Stangen entweder senkrecht und einzeln im Abstand von 50–60 cm. In windigen Gegenden bekommen sie in Doppelreihen und mit darauf befestigten Querstangen verbunden mehr Stabilität. Ein günstiger Stangenabstand ist 100 x 50–60 cm.

Spargel- oder Spaghettibohnen

Steht ein Gewächshaus oder eine besonders sonnige und warme Stelle im Freien zur Verfügung, kann man einen Versuch mit Spargel- oder Spaghettibohnen *(Vigna unguiculata* ssp. *sesquipedalis)* wagen. Meterlange Bohnen heißen die in Ostasien und in Holland populären Kletterbohnen in manchen Katalogen, doch werden solche Längen nur unter günstigen, warmen Bedingungen erreicht.

Ampelbohnen 'Hestia', niedrige Prunkbohne

Spargelbohnen 'Liane'

40–60 cm wie mit der Sorte 'Liane' sind jedoch auch schon imposant. Die schnurdünnen und schmackhaften Hülsen enthalten viele kleine Körner. Ist der richtige Erntetermin verpasst, können Sie sie reifen lassen und als gesunde, vitaminreiche Keimsprossen ankeimen. Die Pflanzen werden wie Stangenbohnen gezogen. Empfehlenswert ist das Vorziehen unter Glas in Töpfen.

Erbsen

Erbsen *(Pisum sativum)* nehmen in der artenreichen Familie einen besonderen Platz ein. Grundsätzlich werden drei Gruppen unterschieden:

1. Die früh reifenden Schalerbsen (convar. *sativum)* mit runden Körnern besitzen eine Stärke, die nach längerem Einweichen quillt und eine sämige Erbsensuppe ergibt. Die frischen Körner schmecken nur kurze Zeit süß, gelten aber beim Einmachen in Konservendosen als besonders feine, zarte Delikatesse. Blaue Kapuzinererbsen mit violettblauen Hülsen sind ein Typus von Schalerbsen und eine alte Spezialität aus Holland und Ostfriesland. Man verzehrt sie selten frisch, sondern als deftiges Wintergericht, süßsauer oder mit Speck angerichtet (Sorte 'Desiree').

2. Die größeren Körner der Markerbsen (convar. *medullare)* reifen später, schmecken längere Zeit süß. Sie sind es, die man gerne als frische aromatische Erbsen vom Strauch nascht oder ausgepalt als Gemüsebeilage zu Fleischgerichten verwendet. Zum Einfrieren sind sie die Favoriten.

3. Zuckererbsen oder Kaiserschoten (convar. *axiphium)* sind – weil schnell zubereitet und schmackhaft – sehr beliebt. Feinschmecker bevorzugen die jungen, zarten, flachen Hülsen, die man, da sie kein Pergamenthäutchen haben, ganz essen kann. Wer will, lässt die Körner größer werden und palt sie wie Markerbsen aus. Eine Abart der Zuckererbsen sind Knackerbsen (Sorten 'Delikata', 'Zuccola') mit besonders fleischiger, zarter Schale.

Kultur: Säen Sie Erbsen erst, wenn der Boden abgetrocknet und angewärmt ist (Anfang April bis Juni, je nach Sorte und Lage). Doppelreihen im Abstand von 20 cm zu 40 cm haben sich bewährt. Reisig oder Maschendraht passen so in die Mitte. Anhäufeln gibt zusätzlich Halt, den fast alle Erbsen zum Klimmen brauchen.

Markerbsen schmecken süß.

Blattgemüse

Knackig, frisch und gesund

Mangold, Rhabarber und Spinat

Der vielseitige Mangold

Der Mangold oder Römerkohl ist aus einem Dornröschenschlaf erwacht. Die mit der Roten Bete (Roten Rübe) eng verwandte uralte Kulturpflanze teilt sich in 2 Gruppen: den Schnitt- und Blattmangold, von dem man die Blätter wie Spinat genießt und den Stiel- oder Rippenmangold, in der Schweiz auch Krautstiele genannt. Hier werden hauptsächlich die dicken, fleischigen und wohlschmeckenden Stiele genutzt. Mit Käse überbacken, schmecken sie ausgesprochen lecker. Doch immer mehr ist Mangold zum Ziergemüse geworden. Es gibt Sorten mit gelben und roten Blattstielen ('Vulkan', 'Rhubarb Chard') und sogar in allen Farben des Regenbogens ('Bright Lights'). Mit sinkenden Temperaturen werden die Farben im Herbst besonders intensiv.

Kultur: Man sät ab Mitte Mai in Reihen und vereinzelt oder verpflanzt auf 30 cm Abstand.

Erste Ernte vom Rhabarber

Die dickfleischigen, rot oder grün gefärbten Stiele sind es, die das robuste Dauergemüse so beliebt machen. Gleich nach dem Winter beginnt die Erntezeit, die sich mit Keramik-Treibglocken, Vlies oder übergestülpten Eimern vorziehen lässt.

Die anfangs noch oxalsäurearmen Stiele werden herausgedreht, geschält und für Kompott, Kuchen oder Marmelade verwendet. Die Blätter sind ungenießbar.

Verfrühen von Rhabarber

Entweder Sie warten, bis die Wurzelstöcke von selbst austreiben, oder Sie haben bereits ab Mitte Jänner ein wenig nachgeholfen: die Erde mit einem großen Eimer abdecken, diesen mit Stroh einpacken und schließlich mit einer schwarzen Kunststofffolie gegen Feuchtigkeit schützen. Dann können Sie Ende Februar die ersten Stängel ernten. Diese hellroten Triebe sind nicht nur um einiges früher dran, sie schmecken auch unvergleichlich zart. Allerdings sind die getriebenen Pflanzen stark geschwächt. Rhabarber lässt sich aber leicht durch Teilung der Rhizome im Herbst vermehren, sodass immer eine Staude im Garten bleibt.

Roter Mangold

Nach der Sonnenwende (21. Juni) setzt der steigende Gehalt an Oxalsäure der Erntezeit ein Ende.

Rhabarber liebt fetten, nahrhaften und feuchten Boden. Er kommt mit Halbschatten und wenig Pflege aus. Deshalb findet sich wohl in jedem Garten ein Platz für die 3–5 Stauden, die den Bedarf einer Familie decken, und sei es am Gartenteich.

Kultur: Pflanzen oder teilen kann man die dicken Rhizome besser im Spätherbst als im Frühling. Geben Sie ihnen viel verrottenden Mist oder Kompost.

Spinat für die junge Küche
Araber führten dieses vitamin- und mineralstoffreiche Gemüse im 12. Jahrhundert in Südspanien ein. Die moderne Küche nutzt die sattgrünen Blätter nicht nur gehackt und gekocht mit Spiegeleiern und Speck. Viel interessanter schmecken sie roh als Salat, als Beilage zu Fisch und Fleisch, als Bestandteil von Aufläufen, Quiches und sogar Sandwiches.

Im Handel sind meist getrennt geschlechtliche, nämlich männliche, frühschossende und weibliche, ertragreiche Pflanzen. Die Befruchtung erfolgt hier mit Hilfe des Windes. Besonders ertragreich und länger nutzbar sind einhäusige (monözische) Sorten mit beiden Geschlechtern auf einer Pflanze (z.B. Sorte 'Monnopa').

Kultur: Spinat kann rund ums Jahr dünn verteilt in Reihen von 20–25 cm Abstand bevor sich Blüten zeigen gesät und geerntet werden. Hochsommertage, wo Spinat als Langtagspflanze sofort schosst, und Frostzeiten sind hier ausgenommen. Gegen die wichtigsten Krankheiten, Virus und Mehltau, sind Sorten wie 'Alpha', 'Rico', 'Sharan' und 'Dolphin' resistent.

Rhabarber

Spinat

Leckere Salate, bunt, knackig und frisch

Vom grünen Kopfsalat bis zum duftig gefleckten Orchideensalat aus Italien gibt es eine bunte und reichhaltige Palette für jeden Geschmack und Appetit. Je nach Sorte sind die Köpfe groß oder ganz klein. Der leicht bittere, anregende und erfrischende Geschmack der verschiedenen Salate lässt nur wenige Unterschiede zu. Schon eher unterscheiden sich die Form der Köpfe und die Anpassung an verschiedene Jahreszeiten, Kultur- und Erntegewohnheiten. Salatgenießer finden immer noch, dass nichts über einen echten

Kopfsalat *(Lactuca sativa* var. *capitata)* mit seinen butterweichen, schmelzend zarten und trotzdem knackigen Blättern geht.

Eissalat ist dagegen knusprig und gekühlt lange haltbar. Sein größter Vorteil: er schosst nicht, d.h. der Kopf bleibt kompakt und treibt nicht durch. Dafür braucht er 2 Wochen länger bis zur Reife und etwas mehr Platz.

Pflücksalate bilden keinen geschlossenen, sondern einen offenen Kopf, dessen Blätter man einzeln abernten kann. Aus dem Herzen wachsen immer neue Blätter nach, sodass sich die Ernte über 3–4 Monate hinzieht. Zu dieser Gruppe zählen auch der Petticoatsalat, der sehr ergiebige Eichblattsalat (bis zu 70 cm Durchmesser) und der Fingersalat, mit interessant gebuchteten, langen Blättern. Schnittsalate bilden keine Köpfe, sondern nur Blätter. Sie wachsen sehr schnell und können schon nach 4–5 Wochen

Was sind Langtagspflanzen?

Langtagspflanzen nennt man solche, die blühen (schossen, aufschießen), sobald die Tageslänge einen bestimmten Wert überschreitet, z.B. Gemüse wie Feldsalat, Fenchel, Spinat, Radies, Rettich, Chinakohl, Radicchio und Endivien. Sie schossen im Sommer vor der Ernte und können deshalb nur im Frühjahr oder, mit Aussaat, nach der Sonnenwende im Herbst angebaut werden. Kurztagspflanzen blühen nur, wenn eine gewisse Tageslänge unterschritten wird. Es gibt sie überwiegend bei Blumen (z.B. Chrysanthemen, Flammendes Käthchen usw.).

Bunte Salatpalette

wie Spinat abgeerntet werden. Auch in der Gruppe der Römischen Salate (Romana, Römer, Lattich, Bindesalat) mit zylindrischen Köpfen und besonders knackigen Blättern gibt es Spezialitäten. Zum Beispiel den Mini-Römer oder Portionssalat (Sorten 'Tom Thumb', 'Sucrine',

'Little Gem'). Die kleinen Köpfe bilden ein saftiges, volles Herz mit süßlich-angenehmem Geschmack, gerade richtig für einen Abend. Oder den Spargelsalat (Sommerendivien 'Kasseler Strünkchen' oder 'Celtuce' aus China). Hier ist der Strunk fleischig und wohlschmeckend wie Spargel. Alle Salatpflanzen lieben viel Licht und kühle, moderate Temperaturen, sogar der Eissalat. Achten Sie deshalb beim Aussäen auf Temperaturen unter 18° C, sonst kann es passieren, dass der Samen nicht keimt. Für Pflanzungen im Gewächshaus oder Frühpflanzungen im März zieht man die Pflanzen in Töpfen vor. Um Fäulnis zu vermeiden, senkt man die Ballen nur zur Hälfte ein. So gelangt der fäulnisempfindliche Bereich am Keimblatt nicht in die Erde. Endiviensalate mit breiten, ganzrandigen Blättern und Frisée (beide *Cichorium endivia*) mit fein geschlitzten großen

Ernte von Schnittsalat

Tipp

Neuerdings gibt es, wie bei Eis- und weiteren Salaten, erste Züchtungen mit Resistenz gegen die Grüne Salatblattlaus. Dieses Insekt verkriecht sich im Kopfinneren und war deshalb bislang besonders unangenehm.

Kulturzeit für Salat

Saatzeit	Ernte	Entwicklungszeit
1. Woche im November	Ende März	ca. 180 Tage
1. Woche im Januar	Anfang April	ca. 100 Tage
1. Woche im Februar	Ende April	ca. 85 Tage
1. Woche im März	Anfang Mai	ca. 70 Tage
1. Woche im April	Anfang Juni	ca. 60 Tage
3. Woche im August	Anf. November	ca. 75 Tage
2. Woche im September	Anf. Dezember	ca. 85 Tage

> **TIPP**
>
> **„Salatwiese“**
> *Probieren Sie einmal, eine „Salatwiese“ anzubauen, in Italien als Misticanza in den meisten Gärten zu finden. Eine Mischung von grünen und roten Schnittsalaten, dazu etwas Endivien oder Radicchio, wird breitwürfig ausgesät und nach Bedarf abgeerntet. Das gelingt auch gut in Kästen auf Balkon oder Terrasse.*

Blättern und goldgelb gebleichten Herzen schmecken herbaromatisch und sind besonders lange haltbar.

Wie der runde, rotblättrige Radicchio und der Zuckerhut (beide *Cichorium intybus*) mit seinen zylindrischen, tütenförmigen Köpfen gehören sie zur Zichorienfamilie.

Kultur: Diese Langtagspflanzen blühen im Hochsommer und bilden dann nur schwer Köpfe. Wer sie dagegen erst im Juni aussät und Mitte Juli–Anfang August pflanzt, kann im Herbst bis zum Frost ernten.

Frostbeständig ist der rosettenartig wachsende Feldsalat (Rapunzel, Nüssli, Nüssler, Ackersalat, Vogerlsalat, *Valerianella locusta*), ein heimisches Gewächs, das in Weinbergen vorkommt. Längst ist aus dem typischen Herbst- und Wintergemüse mit nussigem Geschmack ein begehrter Ganzjahressalat geworden, den man mit

Römer Salat

Radicchio 'Palla Rossa'

Teufelsohren 'Cerbiata'

mehltauresistenten Sorten wie 'Jade' oder 'Vit' das ganze Jahr hindurch anbauen kann. Wer die Rosetten ganz erntet, braucht sie kaum zu putzen.

Kultur: Feldsalat sät man ab August direkt ins Freie, in Reihen von 10–15 cm Abstand und ganz flach (1 cm).

Wichtig: den 3 Wochen lang keimenden Samen gut andrücken, damit er genügend Bodenschluss hat.

Bei Blattsalat ist grün in grün passé

Gerade noch rechtzeitig vor ihrem Verschwinden bereicherten meist alte, aber höchst attraktive Salatraritäten aus Amerika und dem Mittelmeerraum den Speisezettel. Auch das Auge isst mit!

Eine echte Schönheit ist der Petticoatsalat 'Lollo rossa', eine toskanische Spezialität mit fein gerüschten und dunkel weinrot gefärbten Blättern, neben seiner gelbgrünen Schwester 'Lollo bionda'. Pflanzen Sie beide 'Lollos' im Wechsel, das ergibt ein farbenprächtiges Schachbrettmuster.

Exotisch sieht der in Österreich wohlbekannte Forellensalat mit länglichen Köpfen und braunen Flecken aus.

Ebenso ungewöhnlich 'Teufelsohren', eine alte Landsorte aus Amerika mit hochragenden Köpfen und spitzen, gebogenen Blättern, diabolisch durch ihre rötliche Farbe.

Eine neue, attraktive Sorte nennt sich 'Venezianer' und zeichnet sich durch elegante, hellgrüne Blätter aus.

Tipp

Auch wenn es verlockend erscheint, im winterlichen Gewächshaus Salat zu ernten, raten wir wegen der vielen Probleme davon ab. Die Tabelle (S. 51) zeigt, wie stark die Kulturdauer vom Licht abhängt.

Feldsalat

Fruchtgemüse
Ballaststoffe en gros

Gurken

Glaubt man der Sage, dann hat sich Aphrodite mit milden, kühlenden Gurkenscheiben die Schönheit ihrer Haut erhalten. Noch immer gelten Gurken *(Cucumis sativus)* als blutreinigend, entschlackend und erfrischend leicht, besonders an heißen Tagen. Indien ist die Heimat der Wärme liebenden tropischen Gewächse, die schon im Altertum den Weg nach Europa fanden. Im Gewächshaus zählen sie zu den lohnendsten Sommer-Kulturen.

Die Vielfalt der Gurken ist enorm. **Trauben- oder Einlegegurken** werden möglichst klein gepflückt und süßsauer mit Dill konserviert. **Schäl- oder Senfgurken** erreichen bis zu 40 cm Länge. Ihr dickes Fleisch schneidet man in Würfel und legt es mit Senfkörnern, Lorbeer und Gewürzen süßsauer ein. Während robuste **Salatgurken** im Freiland gedeihen, brauchen wärmebedürftigere **Schlangengurken** den Schutz von Frühbeet oder Gewächshaus. Dafür bringen sie an Schnüren oder Gittern aufgeleitet höhere Erträge. **Mini-, Party- oder Portionsgurken** schmecken hervorragend und besitzen eine zarte Haut. Sie werden nur 15–20 cm lang, dafür setzen sie viel mehr Früchte an. Bei Züchtungen wie 'Amire' und 'Printo' sitzen sie büschelweise am Stamm. Da sie nur schwache Seitentriebe bilden, kommen solche Sorten ohne Schnitt aus.

Kultur: siehe Melonen

Schnittschema für Gurken im Gewächshaus

Um Wurzel- und Blattwerk durch die Zahl der angesetzten Früchte nicht zu überfordern, müssen Gewächshausgurken beschnitten werden: Entfernen Sie zunächst alle am Stamm angesetzten Früchte bis 80 cm Höhe, lassen Sie den Trieb bis zum Dach klettern und schneiden Sie ihn dann ab. Sofort werden sich Seitentriebe entwickeln. Jede Frucht braucht ein Blatt zur Ernährung, danach wird der Trieb gekappt.

- ***Haupttrieb über dem Draht kappen***
- ***Seitentriebe über dem 2. Blatt kappen***
- ***Bis 80 cm Höhe alle Stammfrüchte entfernen***
- ***Auf Dämme pflanzen***
- ***Mulchschicht aus Stroh, halbverrottetem Mist oder lockerem, humusreichem Substrat aufbringen***

Herrlich süße Zuckermelonen

Melonen gelten immer noch als etwas Besonders, obwohl aus der einstigen Delikatesse, die sich nur Wohlhabende leisten konnten, längst eine robuste Frucht geworden ist, die problemlos sogar im Freien reift. Voraussetzungen sind ein warmer, humusreicher und nahrhafter Boden und die richtige Sorte.

Frühe Reife und herrlich duftende mittelgroße Früchte findet man bei den Charentais-Melonen aus Frankreich, wovon die neuesten resistent sind gegen Fusariumwelke und Mehltau. Auch Netzmelonen mit rauer Oberfläche gedeihen nördlich der Alpen. Italiener schwören auf den Geschmack dieser Melone, wenn es um Parmaschinken geht. Dagegen ist die Kultur der dicken Wassermelonen *(Citrullus lanatus)* etwas für Spezialisten und gelingt in unseren Breiten nur, wenn im Sommer die Nachttemperaturen über 15° C liegen.

Tipps

Viel besser als am Boden gedeihen Gurken und Melonen, wenn man sie an Gittern oder Schnüren aufleitet. So brauchen sie weniger Platz, das Pflücken ist einfacher und die Ernte fällt besser aus.

Schwarze Mulchfolie als Bodenbedeckung bekommt allen Gurken und Melonen gut, weil sie über Nacht Wärme speichert.

Zuckermelonen

Kultur von Gurken und Melonen: Weil alle Gurkengewächse sehr empfindliche Wurzeln haben, sollte man sie nie pikieren, sondern im April in Töpfen im Warmen (je 1–2 Samen) aussäen und nach Mitte Mai pflanzen.

Direktsaat ins Freie ist möglich ab Mitte Mai bis Juni. Lockerer Boden, viel Humus und möglichst nur organische Dünger rufen an windgeschützter Stelle im Freien üppiges Wachstum hervor.

Kürbisse und Zucchini

Kürbisse sind Kinder Mittelamerikas. Schon lange bevor die spanischen Eroberer kamen, waren sie bei den Indios und Mayas in Kultur.

Die Vielfalt der dekorativen Kürbisformen regt die Phantasie an und verlockt zum Sammeln. Auch in der Küche sind Kürbisse nicht länger der langweilige Melonenersatz zum Einmachen. Zahlreiche Rezepte verlocken zum Ausprobieren, vom Kürbisbrot bis zum aromatischen Püree, von der sämigen Suppe bis zum Rohkostsalat.

Neben den schmackhaften kleinen Sorten beeindrucken die Riesenkürbisse. Sie sind die größten Früchte der Erde. Den Weltrekord der Kürbiszüchter hält immer noch der Kanadier Dill laut Guinness Buch der Rekorde mit 449,06 Kilo. Wenn seine

Sorte 'Atlantic Giant' in Europa fruchtet, sind 90–150 Kilo ein gutes Ergebnis. Zu den Riesenkürbissen gehören die altbekannten Sorten wie 'Riesenmelonen' und 'Gelber Zentner' (neuerdings 'Gele Reuzen' genannt) und die herrlich rote, schmackhafte 'Rouge vif d'Etampes' ('Roter Zentner').

Sorten:
Eine kulinarische Entdeckung ist der **Melonen-Squash** 'Butternut' aus Amerika mit glockenförmigen Früchten und angenehm süßem Geschmack. Diese Züchtung braucht lange, hält sich aber dafür bis zum März. Ihr Inneres ist leuchtend orangerot, was auf einen hohen Carotingehalt schließen lässt. In der Küche nutzt man den Melonensquash so wie den zapfenförmige **Eichelkürbis** (Sorten 'Table Queen', grün und 'Table Gold', gelb) nach vielen Rezepten als Kürbisbrei, Kürbisbrot, Kürbissuppe, Kürbiskuchen, gebacken oder gekocht.

Guter Geschmack ist auch bei den schönen, formenreichen, aber eher als Zierkürbisse betrachteten **Minikürbissen** zu finden. Sorten sind z.B. 'Baby Bear' oder der sehr dekorative 'Sweet Dumpling'.

Schmackhaft sind auch die herrlich geformten und dekorativ gestreiften **Turbankürbisse** oder **Bischofsmützen**. Sie halten sich monatelang. Doch wer würde sie wohl verzehren wollen, wo sie doch so wunderbar aussehen?

TIPP

Lagern Sie die vor dem Frost eingebrachten Früchte trocken und lose nebeneinander liegend. Wenn sie sich berühren, faulen die Früchte bald.

Besonders gut schmecken auch die nur 0,5–1,5 Kilo schweren **Hokkaido**- oder **Carotakürbisse** aus Japan (Sorten 'Red Kuri' und 'Ushiki Kuri', orangerot). Untersuchungen belegen, dass die Früchte sehr viel Carotin enthalten – ca. 12 mal mehr als die besten Möhrensorten.

Eher plattrund ist der **grüne Hokkaido** 'Delica' mit kräftigem Aroma von Esskastanien.

Ähnlich schmeckt der tief eingebuchtete **Muskatkürbis** ('Muscade de Provence'), der aber mit 120 Tagen Sonne bis zur Reife auch viele Wärmeeinheiten braucht.

Die runden **Ölkürbisse,** eine Spezialität aus der Steiermark, enthalten viele schalenlose Samen. Gesundes, sogar heilkräftiges Öl wird daraus gepresst und als Kernöl für Salate und in der Küche verwendet. Die schmackhaften Samen sind für Kürbisbrot beliebt. Man kann sie auch rösten und als gesundes Knabbergemüse verspeisen. Auf dem Balkan sind die Kerne als „Aphrodisiaka des Sultans" bei Männern gefragt.

Sehr spät reifen die cremeweißen **Spaghettikürbisse**. Ihr Inneres formt sich im Spätherbst in faserförmige Stränge, die man herauslösen und wie ein Nudelgericht zubereiten kann.

Bunte Kürbismischung

Würzen kann man mit Ketchup oder Kräutersoßen.

Zucchini (Zucchetti) werden von Kennern gegessen, solange die Früchte noch jung, zart und nicht länger als 25 cm sind. Weil sie so unkompliziert und ertragreich gedeihen, findet man die robusten Pflanzen in vielen Gärten. Gute Sorten sind: 'Diamant', 'Ambassador', 'Defender' (grün), 'Gold Rush' (gelb), 'Costates Romanesco' (im Querschnitt nahezu sternförmig).

Kletternde Zucchini (Sorte 'Black Forest') brauchen weniger Platz. An Tomatenspiralstäben oder an Schnüren krallen sie sich mit langen Trieben fest und bringen es dabei auf enorme Erträge: 25–30 Früchte pro Pflanze, jeweils nur in der optimalen Länge.

Kultur: Ziehen Sie Kürbis- und Zucchinipflanzen an wie bei den Gurken beschrieben. Allerdings ist später der Platzbedarf größer: 150 x 200 cm sind für rankende Kürbissorten und 80 x 100 cm für Zucchini richtig.

Zuckermais

Zur Familie der Süßgräser *(Graminae)* gehört der Zuckermais *(Zea mays)*. Früher bildeten etliche verwandte Sorten als Mehl einen Hauptbestandteil der Nahrung mexikanischer Indios. Heute sind die süßen Kolben des Zuckermais längst bei vielen zum Lieblingsgemüse geworden – mit Recht. Die saftigen Kolben erntet man in der Milchreife, was äußerlich erkennbar ist: die Fäden des weiblichen Blütenorgans färben sich dunkelbraun. Jede der bis 2 Meter hohen Pflanzen trägt 2–3 Kolben, die man von ihren Hüllen befreit und entweder roh knabbert oder gegrillt oder in kochendem Wasser gegart und mit Butter übergossen heiß serviert.

Um die goldgelben Körner abzutrennen brauchen Sie kein Spezialgerät, ein Messer tut's auch. Wählen Sie „Extrasüße Sorten", sie halten länger.

Kultur: Zuckermais braucht einen warmen, luftigen Platz. Gesät wird um den 20. Mai ins Freie, je 2–3 Körner/Stelle im Abstand von 30 x 50 cm.

Zuckermais

Kletterzucchini

Paprika – mal mild, mal scharf

Paprika *(Capsicum annuum)* stammt wie die eng verwandten Tomaten aus Südamerika. Pfeffer, Peperoni oder Chili werden im deutschsprachigen Raum die scharfen Sorten genannt. Den gelben, roten, violetten oder orangefarbenen Früchten sieht man natürlich nicht an, wie sie schmecken. Auch die blockige, runde oder länglich-spitze Form lässt keinen Schluss auf den Gehalt an schärfendem Capsicin zu, die beim milden, dickfleischigen Gemüsepaprika gering ist,

TIPP

Grüner Paprika reift je nach Sorte über Gelb, Orange, Violett ins leuchtende Rot und gewinnt dabei an fruchtigem Aroma. Dickfleischig und sehr schmackhaft ist Tomatenpaprika. Es gibt davon rote ('Topepo rosso' und 'Paradeisfrüchtiger Frühroter') und gelbe Sorten. Scharf schmecken Peperonis wie 'de Cayenne' oder 'Fireflame'.

beim dünnhäutigeren Gewürzpaprika oder bei den verschiedenen Chilis hoch.

Paprika ist dank hohem Vitamin-C-Gehalt und sekundären Inhaltsstoffen sehr gesund und wird in der modernen Küche immer mehr geschätzt: als Rohkost, zum Füllen, Grillen oder Einlegen.

Kultur: Die Anzucht ist wie bei Tomaten beschrieben. Die buschig wachsenden Pflanzen brauchen nach den Frösten einen warmen, geschützten Platz, einen Abstand von 50 x 60 cm, nährstoffreichen, lockeren Boden und genug Wasser. Bei Stress werfen sie leicht die Blüten ab. Paprika ist ein attraktives Naschgemüse für größere Töpfe und Kästen auf Balkon und Terrasse.

Tomaten in großer Vielfalt

Paradeiser, Liebes- oder Goldapfel sind liebevolle Bezeichnungen für ein uraltes Gemüse aus den Anden, das nach der Entdeckung Amerikas in europäische Fürstengärten gelangte. Dort betrachtete man die skurrilen Früchte des Nachtschattengewächses *(Lycopersicon esculentum)* zunächst mit Misstrauen. Lange Zeit hielt man nicht nur die grünen, unreifen Früchte für giftig, sodass erst nach 1920 mit der Züchtung der Sorte 'Moneymaker'

('Hellfrucht') der Aufstieg der Tomate zu einem unserer Lieblingsgemüse begann.

Gleichgültig, ob roh oder geschält und gedünstet, als Saft oder gegrillt, als Suppe oder in Form von Ketchup als Würze, meist ist neben Festigkeit vor allem das besondere Aroma gefragt. Dieses aber hängt von der optimale Reife ab, von viel Sonne und, wie beim Wein, auch vom Boden (Sand = flau, Lehm = kräftig).

Ungemein würzig schmecken neben Cocktailtomaten auch alte und exotische Sorten wie die grüne Stabtomate 'Green Zebra', die tropfenförmige 'Tear Drop' und die zierliche, obstartig süße 'Johannisbeertomate', die der Wildart sehr nahe kommt.

Besonders widerstandsfähig im Freiland sind die Stabtomaten 'Vanessa', 'Picolino' und 'Culina'. Ein besonderes Problem ist immer noch die Anfälligkeit gegen die Kraut- und Braunfäule *(Phytophthora infestans)*. Erst wenige Sorten, wie die großfrüchtige 'Baumtomate de Berao' und die feine 'Johannisbeertomate' haben sich als tolerant erwiesen.

Wer nicht mit Kupfermitteln spritzen möchte, kann die Pflanzen mit Folie oder Glas überbauen, damit ihre Blätter trocken bleiben und die Sporen der Krankheit nicht auskeimen können.

TIPP

Wollen Sie etwas Leckeres zum Naschen, sollten Sie einige Pflanzen der Kirschtomaten mit kleinen, süß-aromatischen Früchten setzen. Gute Sorten sind: 'Sweet 100' und 'Gartenfreude'.

TIPP

Aufgrund des großen Wasserbedarfs der Tomaten verschlämmt der Boden leicht. Senken Sie deshalb dicht an der Pflanze einen leeren Tontopf in die Erde und gießen Sie stets dort hinein. Durch das Abzugsloch des Topfes versickert das Wasser schonend.

Von Tomaten gibt es tausende Sorten. Man unterscheidet zunächst Buschtomaten mit niedrigem Wuchs und selbst stützend, ideal für die Kultur in Ampeln oder auf dem Balkon (Sorten 'Balkonstar', 'Yellow Canary'), und die hoch wachsenden Stabtomaten, die Halt brauchen an Stäben, Spiralen oder Schnüren.

Neben den runden, schnittfesten Stabtomaten in Rot, Gelb ('Goldene Königin') und gestreift ('Tigerella') sind die plattrunden, großfrüchtigen Fleischtomaten zum Grillen und für Salate beliebt.

Kirsch- oder Cherrytomaten tragen an langen Trauben viele kleine, aber wohlschmeckende Früchte.

Perettitomaten haben hübsche birnenförmige Früchte in Rot und Gelb (Sorten 'Red Pear', 'Yellow Pearshaped').

Flaschentomaten reifen spät, haben wenige, aber feste Früchte von länglicher Form und wenig Saft. Sie eignen

sich für Püree, zum Kochen, Enthäuten und Grillen.

Eiertomaten werden immer populärer, weil sie üppig tragen und sehr aromatisch schmecken.

Kultur: Tomaten, Paprika und die nahe verwandten Auberginen (Eierfrüchte) werden ähnlich kultiviert. Man sät im Glashaus zwischen Mitte Februar und Ende März bei 18–22° C Wärme in lockere Aussaaterde. Wer 2–3 Samen in Töpfchen gibt und später nur die besten Pflanzen belässt, braucht nicht zu pikieren. Nach

Ausgeizen von Tomaten

Damit Tomatenfrüchte genügend Sonne bekommen, werden bei allen hoch wachsenden Sorten mit leichtem Fingerdruck die aus den Blattachseln wachsenden Seitentriebe ausgebrochen („ausgegeizt“). Je früher dies geschieht, desto einfacher und besser ist diese Arbeit. Nur bei Buschtomaten ist das Verzweigen erwünscht.

TIPP

Grüne Tomatenfrüchte kann man vor dem Frost ernten und an warmer Stelle bei 15–20 °C nachreifen lassen.

Mitte Mai wird im Abstand von 50 x 60 cm ausgepflanzt. Die Pflanzen brauchen einen geschützten sonnigen Platz im Freiland oder im Gewächshaus und humosen, mit viel Nährstoffen angereicherten Boden. An sonnigen Tagen verdunsten die Blätter viel Wasser, deshalb immer gründlich gießen und bis August einmal organisch oder alle 4 Wochen flüssig nach Anleitung düngen. Als Halt haben sich neben Pfählen und Schnüren dauerhafte Wellstäbe aus Aluminium bewährt. Sie ersparen das Anbinden. Wildwuchs mindert die Ernte und schattiert die Früchte. Deshalb ist bei Tomaten das Ausbrechen der jungen Seitentriebe notwendig. Mehr als 5–6 Trauben im Freiland und 6–7 im Gewächshaus reifen nicht aus. Was zu viel ist, kappt man im August und fördert damit die angesetzten Früchte.

Kohlgemüse

Deftig, modern und gesund

Alle Kohlgemüse sind nicht nur reich an Ballaststoffen, sondern wegen ihres Gehaltes an Vitamin C und keimhemmenden und krebsvorbeugenden bioaktiven Glucosinolaten (Senfölglykosiden) besonders gesund. Spitzenreiter unter den krebsvorbeugenden Kohlarten ist der Brokkoli, aber auch Grünkohl, Weiß- und Wirsingkohl sowie Rosen- oder Sprossenkohl haben beachtliche Werte aufzuweisen. Die zu den Kreuzblütlern zählenden Stark- oder Mittelzehrer brauchen einen sonnigen Standort und humusreichen, Wasser haltenden, gut mit Kalk und Nährstoffen versorgten Boden. Wichtig ist ein konsequenter Fruchtwechsel (wegen der Gefahr der Kohlhernie).

Blumenkohl oder Karfiol

Der „Aristokrat" unter den Kohlgemüsen ist Blumenkohl oder Karfiol *(Brassica oleracea* var. *botrytis)*. Sein leicht höckeriger Kopf schmeckt zart und fein. Er besteht aus vielen cremeweißen Knospen, die rechtzeitig mit eingeknickten Blättern vor zuviel Licht geschützt und vor dem

Verschiedene Kohlgemüse

Aufblühen geerntet werden müssen. Satzweise gepflanzt, steht er von Frühjahr bis Herbst zur Verfügung, man kann ihn auch im Gewächshaus verfrühen. Gute Sorten sind: 'Alpha' (früh), 'Igloory' und 'Beauty' (Sommer).
Es gibt auch hellgrüne Sorten wie 'Alverda' und violette ('Violetta di Sicilia').

Kultur der Kopfkohle:
Frühe Sorten kann man ab Februar im Gewächshaus in Töpfen oder Schalen säen. Bei 16–18° C keimen die Pflanzen in 6–12 Tagen, werden nach ca. 10 Tagen pikiert und wachsen bei 12–14° C an heller Stelle heran. Bis zum Auspflanzen im Abstand von 50 x 50 cm vergehen im Winter 6–7, im Frühjahr und Sommer 4 Wochen. Für Kulturen im

Sommer- und Herbst, die bis Ende Juni gesät und bis Ende Juli gepflanzt werden müssen, reicht eine Aussaat im Frühbeet dünn verteilt in Reihen von 10–15 cm Abstand.
Je nach Wüchsigkeit der Sorte ist ein Pflanzabstand von 50–60 cm angebracht.

TIPP

Wegen des enthaltenen Chlorophylls ist der Minarettkohl mit seinen türmchenartigen Auswüchsen (Sorten 'Romanesco', 'Shannon') besonders schmackhaft.

Brokkoli oder Spargelkohl

(B. o. var. *italica)* ist dem Blumenkohl in allem sehr ähnlich. Die Köpfe sind grün oder in frischem Zustand violett (Sorte 'Rosalind'). Brokkoli lässt sich gut einfrieren. „Al dente" gekocht, mit Mandeln und Butter überträufelt, ist er besonders lecker, auch als Auflauf oder Salat. Im Sommer sind seine Knospen durch schnelles Aufblühen gefährdet. Wir empfehlen deshalb die Aussaat Mitte Juni zur Ernte im Herbst.

TIPP

Brokkoli

Schneiden Sie die Köpfe mit kurzem Strunk ab. Nicht ausreißen! Schon bald bilden sich neue, zarte Sprosse mit kleineren Köpfchen, die nochmals beerntet werden können. Wer längere Zeit ernten will, wählt keine Hybride sondern eine der weniger gleichmäßigen, älteren Sorten wie 'Calabrais'.

China- oder Pekingkohl

Bei den Kohlarten aus Asien wie China- oder Pekingkohl (*Brassica rapa* ssp. *chinensis* und ssp. *pekinensis*) kommt es auf die cremeweißen inneren Blätter und die vielen Ballaststoffe an. Sie werden in einer Brühe oder im Wok kurz angegart oder als knackiger, lange haltbarer Salat genossen. Chinakohl ist ein

„bequemes" Gemüse, weil es sich ohne Putzverlust schnell zubereiten lässt, im Kühlschrank wochenlang hält und zu vielen Rezepten passt. Außerdem bläht Chinakohl nicht. Sorten: Wählen Sie nur Kohlhernie-tolerante Züchtungen wie 'Bilko', 'Chorus' und 'Nemesis'.

Nahe verwandt ist der Chinesische Senfkohl oder Pak Choy. Seine mild schmeckenden, fleischig verdickten weißen Stiele werden wie Mangold zubereitet. Beide sind Langtagsblüher. Nur im Herbst schossen sie nicht.

Kultur: Man sät deshalb erst von Juli bis Anfang August, wegen der dünnen Pfahlwurzeln entweder in Töpfchen zum späteren Verpflanzen oder, besser, direkt in Reihen. Nach dem Aufgang wird auf allseits 30 cm Abstand vereinzelt.

Grün- oder Federkohl

Ein norddeutsches Herbst- und Wintergemüse ist der Grünkohl oder Federkohl *(B. o.* var. *sabellica)*, denn erst nach den ersten Frösten stellt sich der typische herbsüße Geschmack ein.

Mit Speck in Brühe gekocht und mit kräftig schmeckenden Würsten serviert, kann Grünkohl ein deftiges Gericht sein, das gern in Gesellschaft genossen wird. Unter den Grünkohlen finden sich äußerst dekorative kraus- und glattblättrige Sorten, manche dicht buschig, manche fast palmenartig (Palmkohl). Die Blattfarben können (blau)grün bis violett sein. Im Herbst und Winter schmücken sie Beete zu ungewöhnlicher Jahreszeit. Grünkohl wird bis Anfang Juni gepflanzt. Sorten: 'Halbhoher grüner krauser', 'Fribor', 'Lerchenzungen'.

Kohlrabi oder Oberkohlrabi

Einen zarten, verdickten Stängel mit angenehm süßem Geschmack bildet Kohlrabi oder Oberkohlrabi *(B.o. gongylodes)*. Man kann ihn in

Pak Choy

Kohlrabi blau 'Blaro'

Stifte oder Scheiben schneiden und als Rohkost oder gedünstet als Beilage servieren.
Es gibt weiße ('Lanro', 'Kohyro', 'Superschmelz', 'Weißer Delikatess') und blaue ('Azurstar', 'Blaro') Sorten.

Kultur: Anzucht wie Blumenkohl. Der Mittelzehrer kann ab April aus dem Gewächshaus und satzweise im Freiland bis Spätherbst geerntet werden. Ein guter Pflanzabstand ist 25 x 12–15 cm.

Rosenkohl oder Kohlsprossen

Eine feine, vitaminreiche Delikatesse mit angenehmem Geschmack für die Herbst- und Wintermonate ist Rosenkohl, in Österreich Kohlsprossen genannt *(B. o. gemmifera)*. An 60–100 cm hohen Strünken bilden sich im Herbst runde, feste „Rosen", die sich bestens kochen, blanchieren und einfrieren lassen. So stehen sie rund ums Jahr zur Verfügung. Nach den Frösten wandelt sich Stärke in Traubenzucker um, was den Geschmack angenehmer macht.

Kultur: siehe Blumenkohl. Gepflanzt wird von Mitte Mai bis Ende Juni im Abstand von 60 x 60 cm.

Rot-, Weiß- und Wirsingkohl / Rotkraut, Weißkraut und Kohl

Die drei Kopfkohlarten Rot-, Weiß- *(B. o. capitata f. rosea* bzw. *f. alba)* und Wirsingkohl *(B. o.* var. *sabauda)*, in Österreich Rotkraut, Weißkraut und Kohl genannt, unterscheiden sich zwar in der Blattfarbe und im Geschmack, werden aber ähnlich kultiviert und zubereitet: als Rohkost, Salat, geschmort, gedünstet und in Suppen. Mit Rotkraut kommt eine wunderbare Farbe auf den Tisch. Aus Weißkraut kann man Rouladen wickeln und Sauerkraut bereiten. Wirsing (Welschkohl) entwickelt einen besonders feinen Geschmack, wenn er schon bei Sommerbeginn jung und zart in die Küche gelangt. Besonderheiten sind der Butterkohl, den man über Monate Blatt für Blatt abernten und wie Wirsing zubereiten kann und der Spitzkohl, eine zarte, schnell wachsende Version des Weißkohls mit spitzen Köpfen. Filderkraut ist eine Herbst- Spezialität aus dem Stuttgarter Raum, bekannt wegen ihrer feinen, sehr schmackhaften Blätter und ideal für die Herstellung von Sauerkraut.

Kultur: Ähnlich wie Blumenkohl. Statt eigener Anzucht lohnt es sich oft, Pflanzen von frühen oder späten Sorten auf dem Markt zu kaufen.

Weißkohl

Wurzelgemüse

Bodenständige Vitamine

Knollenfenchel

Früher wenig geschätzt, inzwischen aber schon ein Trendgemüse ist der Knollenfenchel *(Foeniculum vulgare)*. Das Gemüse aus dem Mittelmeerraum liebt Sonne und Wärme, opulente Versorgung mit Nährstoffen und feuchten Boden. Dafür erhält man bauchige, dicke Knollen mit anisartigem, süß-duftendem Geschmack, die sich nicht nur für Rohkost und Salate eignen. Man kann sie auch dünsten und mit Käse im Ofen überbacken. Noch vor wenigen Jahren konnte man Fenchel als typisches Langtagsgemüse nur im Juni aussäen und im Spätherbst ernten. Dank schossfester Sorten wie 'Fino' gedeiht er auch im Frühling und Sommer.

Möhren oder Karotten

In den Wurzeln der Möhren *(Daucus carota)*, auch Karotten, Mohrrüben oder Gelbe Rüben genannt, sind besonders viele Mineralstoffe, Vitamine und Carotin (Provitamin A) gespeichert. Letzteres stärkt die Sehkraft bei Kindern und Erwachsenen, schützt vor Grauem Star, beugt Hautkrebs vor und senkt den Cholsterinspiegel.

Nicht nur frische Möhren sind als Rohkost gesund. Durch Erhitzen und mit etwas Butter angereichert, können sich die wertvollen Inhaltsstoffe besonders wirksam entfalten.

Ab Juni bis zum Herbst kann man mit frühen oder späten,

Knollenfenchel

Möhren, 'Lange rote Stumpfe'

Tipp

Erst kurz vor der Ernte brauchen Möhren viel Wasser. Mäßiges Gießen im Jugendstadium lässt die Wurzeln dagegen länger werden. Ernten Sie nicht zu früh und nicht zu spät, sondern genau dann, wenn sich die Wurzelspitzen runden.

lagerfähigen Sorten viele knackige, süße Möhren ernten. Es gibt gelbe, weiße und violette, runde und längliche Möhren, die Vielfalt ist groß.

Kultur: Möhren brauchen Sonne und einen durchlässigen, möglichst sandigen Boden. Besonders gut gedeihen sie im Hochbeet. Frühsorten sät man von Februar bis April und nochmals für die Herbsternte Ende Juni, mittelfrühe von März bis April und späte bis Anfang Mai. Düngen Sie vor dem Säen und nochmals bei 20–25 cm Blatthöhe.

Nicht vergessen: Vereinzeln auf 3–4 cm Abstand, sonst gibt es nur verkrüppelte Möhren.

Radieschen

Viel Licht und genügend Abstand brauchen auch Radieschen *(Raphanus sativus* var. *sativus)* und ihre größeren Verwandten, die Rettiche *(Raphanus sativus* var. *niger)*. Beide sind Kreuzblütler und aus dem asiatischen Raum schon früh zu uns gelangt. Den typischen, scharfwürzigen Geschmack und bei Erkältungen wirksame

Heilkräfte verleihen ihnen Senfölglykoside. Frisch verzehrt, zum Bier oder auf dem Brot, schmecken die Appetitanreger am besten.

Kultur: Unter Glas kann man Gewächshaussorten ab Januar bis Oktober säen. Im Freiland Radieschen von März bis September und Rettiche von Februar bis Anfang August.

Der Boden soll tiefgründig gelockert sein und nie austrocknen. Wichtig ist ausreichender Abstand, bei Radieschen im Winter 8–12 cm, im Sommer 5 x 20 cm.

Rettiche brauchen mehr Platz: im Gewächshaus 20 x 25 cm, im Freien 8–15 x 20 cm. Eine Besonderheit sind die armdicken japanischen Riesenrettiche mit mildem Geschmack für den Sommer und Herbst .

Achten Sie auf Sorten, die zur Jahreszeit passen. Schnell wachsende für den Frühling und Herbst werden bald pelzig.

Mehr Freude hat man bei Hitze mit den großen, langsam wachsenden Sommerradieschen wie 'Parat', 'Stoplite' oder 'Riesen von Aspern'.

Doch nicht alle Sorten sind rot. Etwas fürs Auge sind weiße und rot-weiße, entweder länglich oder rund.

Rettiche: 'Rex' ist eine weiße Universalsorte für alle Anbautermine, für draußen und im Gewächshaus. Vor allem für die Ernte im Herbst haben Sie die Auswahl an guten Züchtungen in Rosa, Rot, Blau und Schwarz.

Rote Bete, Rote Rübe oder Rande

Vielseitig verwendbar sind Rote Bete, Rote Rübe oder Rande *(Beta vulgaris* var. *vulgaris)*. Die runden oder walzenförmigen roten Rübensorten stecken voll mit dunkelrotem Saft. Sie enthalten viele Mineralstoffe, organische Säuren und Saponin. Neue, monogerme Samen bestehen nur aus einem Korn, das man präzise ablegen kann. Von älteren Sorten wie 'Rote Kugel' erhält man dagegen Samenknäuel. Daraus drängeln sich mehrere Pflanzen, die auf 6–8 cm Abstand vereinzelt werden müssen.

Rote Bete stammen aus dem Mittelmeerraum. Die Mittelzehrer sind für einen wasserhaltenden, mit Kompost verbesserten Boden in Sonne oder Halbschatten dankbar.

Kultur: Gesät wird wegen der Schossgefahr nicht vor Mai, dünn verteilt in 2–3 cm tiefe Rillen von 20–25 cm Abstand.

Sorten: Rund sind 'Rote Kugel/Nero', 'Monalisa', 'Moulin Rouge', zylindrisch: 'Cylindra', 'Loma'. Rot-weiß und süß für Salate 'Chioggia'.

Mairüben

Rote Rüben

Schon die Römer schätzten die je nach Sorte weißen, gelben oder rot-weißen Speiserüben *(Brassica rapa* var. *rapa)*. Man erntet sie je nach Sorte im Frühling (Mai–Juni) oder Herbst (Oktober), weniger bei Sommerhitze. Dann wird das Aroma der in

Tipp

Warten Sie mit dem Vereinzeln bis Juni, wenn sich schon „Baby Beets" mit 3–4 cm Durchmesser gebildet haben. Die besonders gut schmeckenden zarten Rübchen sind süßsauer angerichtet eine Delikatesse.

Frankreich sehr geschätzten „navets" leicht streng. Hierzu zählen die runden weißen Mairüben (Sorten 'Tokyo Cross', 'Market Express'), die gelbe 'Goldball' ebenso wie die länglich-bauchigen Teltower Rübchen, eine Spezialität aus den sandigen Böden von Berlin.

Weshalb schossen Pflanzen?

Die Tageslänge bestimmt, wann Gemüsepflanzen schossen (s. Langtagspflanzen). Auch Stressfaktoren wie Trockenheit, schlechte Pflege oder zu wenig Nährstoffe können die Rüben-, Kopf- oder Knollenbildung verhindern. Tiefe Temperaturen mitten in einer Wachstumsphase oder mangelnde Abhärtung sind verantwortlich, wenn Sellerie, Möhren, Petersilie oder Rüben vorzeitig schossen. Rote Bete sät man deshalb nicht vor Mitte Mai aus. Radieschen und Rettiche benötigen genügend Licht und Platz, sonst können auch sie schossen.

Mit 4–6 cm Durchmesser schmecken sie optimal, leicht pikant. Man kann sie als Rohkost, im eigenen Saft gedünstet und in der Pfanne mit Zucker karamelisiert servieren.

Die Kultur ist sehr einfach: Im Frühling (März bis April) oder Juli bis August als Nachfrucht dünn verteilt säen, feucht halten, nach 6–8 Wochen ernten.

Knollensellerie

(Apium graveolens var. *rapaceum)* Pflanzen findet man im Mai auf jedem Markt. Selten lohnt sich die eigene Anzucht, denn wegen der Schossgefahr ist ein geheiztes Gewächshaus mit mindestens 16° C erforderlich. Das wüchsige Lagergemüse mit dem aromatischen Geschmack ist an den Küsten Siziliens heimisch. Knollensellerie wird gekocht, als Suppengrün, als Beilage oder in Scheiben geschnitten als süßsauer angerichteter Salat serviert. Ganz modern und auf die Rohkost-, Fitness- und Knabberküche ausgerichtet sind seine Verwandten: der grüne, würzige, saftig-frische Stangensellerie und der gelblich-weiße Bleichsellerie, dessen aromatische Stiele noch milder schmecken. Zum Dippen auf Parties, als kalorienarme Hunger- und Durstlöscher, aber auch zum Kochen und Überbacken mit Käse sind beide geeignet.

Tipp

Eng auf 40 cm Abstand gepflanzter Bleichsellerie bleicht sich selbst.

Kultur: Alle Selleriearten werden vorgezogen und erst Ende Mai gepflanzt. Sie brauchen humosen, feuchten, möglichst fruchtbaren Boden. Nährsalze verträgt Sellerie gut.

Sorten: 'Bergers weiße Kugel', 'Prinz', 'Dolvi' sind Blattflecken-tolerant.

Sellerie, 'Bergers weiße Kugel'

Zwiebelgemüse

Porree und Zwiebeln als Würze

Liliengewächse sind sie alle und dazu eng verwandt: Schnittlauch, Chinalauch, Knoblauch und Porree.

Porree oder Lauch

Porree *(Allium porrum)*, auch häufig Lauch genannt, zeichnet sich durch einen dicken und langen, geraden und vornehmlich weißen Schaft aus. Zwiebelbildung ist nicht erwünscht; das Laub soll dunkel sein und der Geschmack mild. Porree wird nicht nur seit jeher als Kochgemüse und für Suppen geschätzt, sondern hat auch in die moderne Bistroküche als Auflauf, Torte und in Röllchen geschnitten für viele Salate Eingang gefunden. Sein hoher Gehalt an Mineralstoffen, Vitaminen und keimhemmenden Senfölen machen Porree zu einem bekömmlichen Gemüse, das die Leber-, Nieren- und Gallentätigkeit fördert.

Sein kräftiges Wurzelwerk erschließt sowohl tonige als sandige Böden, macht sie locker und ist deshalb, weil humusbildend, als Vorfrucht zu anderen Gemüsen geschätzt. Der Starkzehrer übersteht – winterharte Sorten vorausgesetzt – auch Fröste bis –20° C und kann bis zum Schossbeginn im Mai von Herbst bis Winter geerntet werden.

Porree (auch Lauch genannt)

Perlzwiebeln

Eine Besonderheit sind die schmackhaften Perlzwiebelchen, die sich nach der Überwinterung häufig am Schaftboden des Lauchs bilden. Man kann diese Brutzwiebeln abnehmen und als kulinarische Delikatesse verwenden.

Kultur: Frühe Sorten werden von Februar bis April im Warmen in Schalen vorgezogen, für die späten ist bis Juni ein

Tipp

Decken Sie die Beete im Winter mit einem Vlies ab, das hilft nicht nur gegen Frost sondern hält auch Wild ab und erleichtert bei Schnee die Ernte.

TIPP

Im Sommer verhindert ein über das Beet gespanntes Netz, dass Schädlinge wie die Lauchmotte mit Minierfraß eindringen können.

Saatbeet im Freien günstig. Bei handhohen Sämlingen kürzt man Wurzeln und Blätter etwas ein und pflanzt sie mit Hilfe eines Pflanzholzes so tief wie möglich (bis 20 cm) in Reihen von 40–60 cm Abstand, jeweils 12–15 cm auseinander. Viel Erde zwischen den Reihen ist wichtig, damit man 1–2 mal anhäufeln und damit den Schaft auf 40–50 cm verlängern kann.

Schalotten

(Allium cepa var. *ascalonicum)* weisen mit ihrem Namen auf die Stadt Askalon im heutigen Israel hin, aus der französische Kreuzfahrer diese alte Kulturpflanze nach Europa brachten. Offenbar haben ihre Qualitäten überzeugt, denn bei unseren

► *Rote Zwiebeln*

Nachbarn gilt sie wegen ihres kräftigen Wohlgeschmacks immer noch als Königin aller Zwiebeln. Die gelben oder roten Zwiebeln teilen sich handförmig in kleinere Segmente, reifen früher und sind besser haltbar als die „klassischen" Zwiebeln. Meist erhält man sie als Steckzwiebeln, die Ende März bis April oder schon im Herbst im Abstand von 15x20 cm an sonniger Stelle gesteckt werden. Von der sonst als steril bekannten Pflanze gibt es seit kurzem auch Samen (Sorten 'Creation', gelb, und 'Atlas', rot), der Ende März bis Anfang April wie Zwiebeln gesät werden kann.

Zwiebeln

Vielfältig sind die Spielformen der Küchenzwiebel *(Allium cepa)*, wohl die älteste Gemüsepflanze der Welt. Ihre für das menschliche Wohlbefinden verantwortlichen Inhaltsstoffe sind

zunächst Vitamin C – die Küchenzwiebel schützte zahllose Seefahrer und Entdecker auf ihren langen Reisen vor Skorbut.

Darüber hinaus entfalten die Senföle aufgrund ihrer antibakteriellen Eigenschaften schützende Wirkung vor Infektionen.

Angetriebene Steckzwiebeln

Tipp

Setzen Sie überzählige Steckzwiebeln in eine Schale mit Erde. Im Nu treiben sie aus und bringen frisches Zwiebellaub für die Küche, sogar mitten im Winter.

Neben gelben oder roten Küchenzwiebeln sind heute die großen **Gemüsezwiebeln** gefragt, die man z.B. für Hamburger oder Döner in Mengen verwendet. Wer will, kann daraus scheibenförmige, dicke Zwiebelschnitzel schneiden und in der Pfanne ausbraten. Mit den milden, schweren englischen Sorten wie 'The Kelsae', 'Ailsa Craig' oder 'Exhibition' ist dies gut möglich, denn sie bringen leicht 800–1000 Gramm auf die Waage. Hierfür erfolgt die Anzucht schon ab Februar unter Glas, ausgepflanzt wird im Mai.

Küchenzwiebeln sollen fest und lange lagerfähig sein. Neben den Sorten für die übliche Aussaat im März gibt es auch japanische Züchtungen wie 'Senshyu Yellow Globe' für die Überwinterung, die schon im August gesät und im Juni geerntet werden.

In vielen Gärten sät man auch weiße, milde Sorten wie 'Weiße Königin' oder 'White Lisbon' zur Überwinterung aus. Dann stehen gleich im Frühjahr frisches Schlottenlaub und weiche milde Bundzwiebeln zum Würzen zur Verfügung.

Besonderheiten sind die **Birnförmigen Zwiebeln**, eine Spezialität aus Franken mit mildem Geschmack, die gerne in Scheiben geschnitten für Schaschlikspieße genutzt werden.

Steckzwiebeln ergeben – ins Beet gesteckt – in kurzer Frist fertige Zwiebeln aus einer Frühjahrs- oder Winterkultur.

Kultur: Zwiebeln lieben viel Sonne, leichte Böden und einen frühen Start, schon Ende März. Man sät dünn verteilt in Reihen von 20–25 cm Abstand. Geerntet wird ab Juli bis September. Auf dem Beet luftig abtrocknen lassen, putzen und dann erst trocken lagern.

Etagen- oder Luftzwiebel

Die Etagen- oder Luftzwiebel *(Allium cepa x proliferum)*. Diese „lebendgebärende" Zwiebel bringt keinen Samen und pflanzt sich nur über die kleinen, festen, rötlichen Zwiebelchen fort, die sich im Spätsommer in 60–70 cm Höhe als Abschluss des Triebes bilden. Bald nach dem Herabfallen wächst die Etagenzwiebel weiter.

Die würzigen Zwiebeln werden gern in der Küche oder beim Einwecken von Gurken verwendet. Weil sie auch starke Fröste überstehen, kann sich glücklich schätzen, wer diese Rarität im Garten hat, denn sie steht Sommer wie Winter frisch zur Verfügung.

Zwiebeln trocknen an der Sonne.

Alte und neue Gemüseschmankerln

Das Interesse an neuen kulinarischen Genüssen macht auch am Zaun des Gemüsegartens nicht halt. Dabei werden nicht nur alte, vergessene Raritäten wieder ausgegraben, sondern auch neue Kontinente entdeckt.

Die asiatische Küche boomt in Europa ebenso wie süd- und mittelamerikanische Spezialitäten. Warum nicht einige dieser Raritäten in den eigenen Garten holen?

Was ist Gemüse?

Was als aktuelles Gemüsesortiment gilt, ist immer eine historische und geografische Momentaufnahme.

Einige Pflanzen sind bereits tausende Jahre in Kultur, so lange, dass ihre wilden Vorfahren nicht mehr bestehen.

Viele sind in früheren Jahrhunderten wichtig gewesen, später ist ihre Nutzung wieder in Vergessenheit geraten. Die Entdeckung neuer Kontinente brachte bisher Unbekanntes auf den Speisezettel und verdrängte Althergebrachtes.

Erhalt der Kulturpflanzenvielfalt

Es ist heute leichter als etwa noch vor 10 bis 15 Jahren, über Vereine, die sich die Erhaltung der Vielfalt von Nutzpflanzen zum Ziel gemacht haben, an seltene Gemüsesamen oder Pflanzen heranzukommen. (Adressen siehe Anhang). Manche Betriebe haben sich auf Gemüseraritäten oder eine große Auswahl an Kräutern spezialisiert. Pflanzen wie Bärlauch selbst zu brocken und zuzubereiten ist in Mode gekommen.

Und auch Gemüse aus anderen Ländern ist interessant geworden. Von Reisen oder vom Restaurant ums Eck inspiriert, versucht man vielleicht, das heimische Sortiment zu bereichern. Einiges lässt sich problemlos im Garten kultivieren.

Schwarzwurzel und Löwenzahn sind am Markt heute keine Seltenheit mehr.

Vom Garten …

Viele seltene Gemüsearten können über längere Zeiträume geerntet werden. Das liegt vielleicht daran, dass sie mangels großer wirtschaftlicher Bedeutung nicht auf ökonomisch interessante kurze Reifezeit hin gezüchtet wurden. Viele sind auch sehr widerstandsfähig und bringen leicht Erfolg im Garten. Unter unseren herkömmlichen Gemüsearten sind kaum mehrjährige Pflanzen. Auch die zweijährigen, wie Kohlgewächse, Salat oder Karotten, werden ja nur einjährig kultiviert. Ein Gemüsegarten verlangt demnach Jahr für Jahr viel Arbeit und Aufmerksamkeit. Unter den Raritäten hingegen finden sich zahlreiche Stauden, die mehrere Saisonen Erträge bringen. Sie können gut zu den mehrjährigen Kräutern gesellt werden oder an den Rand des Gemüsegartens, zum Rhabarber. Aber auch im normalen Garten in einer ruhigen Ecke, mitten im Staudenbeet oder auf der Terrasse sind sie denkbar.

… in die Küche

Es macht Spaß, ein neues Gericht auszuprobieren. Und auch für Gäste ist ein Menü mit unbekannten Zutaten eine Überraschung.

Wer in seinem Garten gern immer wieder mit neuen Pflanzen experimentiert, kennt das Gefühl: Vom ersten Blättchen an wird beobachtet, verglichen, probiert und notiert.

Wie aufregend, wenn sich das Entdecken in der Küche fortsetzt! Zwölf Schmankerln begleiten auf den folgenden Seiten durch das Gartenjahr: Von Jänner bis Dezember ist jeden Monat eines reif für die Ernte.

Im Schaugarten des Vereines Arche Noah im niederösterreichischen Schiltern herrscht paradiesische Vielfalt.

Die essbare Sonnenblume

Topinambur

Helianthus tuberosus

Weitere Namen: Erdbirne, Erdapfel, Grundbirne, Rossapfel, Erdartischocke, Jerusalem-Artischocke

Die Geschichte dieser interessanten Pflanze beginnt nicht erst mit dem Jahr 1492. Die ersten Knollen in Händen von Europäern waren bereits auserlesene Sorten der in Nordamerika verbreiteten Staude, seit langer Zeit von Indianern kultiviert. Ihre Karriere als Gemüse wurde in Europa bald von der erst später eintreffenden Kartoffel beendet. Das Vieh fraß nunmehr den „Rossapfel“. Einmal abgesehen vom Schnaps („Rossler“), den man aus den Knollen brennen kann, ist Topinambur ähnlich vielseitig zu verwenden wie die Kartoffel, sei es roh geraspelt, gedünstet, püriert oder gebraten. Ihren Geschmack könnte man als nussig beschreiben.

Kultur: Im März oder bereits im November (zum Beispiel vom Markt gekauft) werden die Knollen 10 cm tief mit einem Viertelmeter Abstand ausgelegt. Da die Stauden bis zu 3 m hoch werden und sich mit den Jahren auch mächtig ausbreiten können, empfiehlt sich ein ruhiges Plätzchen am Rand des Gemüsegartens. Als Hecke verdecken sie hässliche Mauern oder den Komposthaufen und bieten Windschutz. Topinambur ist vollkommen winterhart, stellt keine besonderen Ansprüche und ist in feuchten Ruderalfluren auch verwildert zu finden.

Ernte: Ab Oktober, wenn die hoch gewachsenen Pflanzen zu blühen beginnen, können die ersten Knollen ausgegraben werden. Die oberirdischen Teile sterben ab.

Über den Winter, wenn das Wetter es erlaubt, kann laufend geerntet werden, mit Missernten ist nicht zu rechnen. Eher hat man Mühe, Topinambur im Zaum zu halten, geschweige denn, sie wieder loszuwerden, denn ein paar Knollen werden immer in der Erde vergessen.

Kochbücher

Der Buchmarkt hat natürlich auf das stetig steigende Interesse an kulinarischer Vielfalt und internationaler Küche im Allgemeinen und an Gemüseraritäten im Speziellen reagiert. Es sind neue Kochbücher erschienen, die neben schönen Bildern auch brauchbare Rezepte zu alten, vergessenen oder neu entdeckten Gemüsearten bieten (siehe Anhang).

Winterspargel

Schwarzwurzel
Scorzonera hispanica

Carl von Linné, der große schwedische Botaniker, gab der Pflanze 1753 den Artnamen *„hispanica"*, weil er vermutete, sie sei in Spanien zuerst in Kultur genommen worden. In den Mittelmeerländern haben die schlanken, erdbraunen Wurzeln bis heute Tradition. Zubereitet wie Spargel ähneln sie diesem verblüffend in Aussehen und Geschmack. Alle Spargelrezepte können daher auch mit Schwarzwurzeln ausprobiert werden. Aber auch als Püree schmecken sie hervorragend.

Kultur: Von März bis Mai wird in Reihen mit 30 cm Abstand angebaut, in der Reihe nach dem Auflaufen auf max. 10 cm vereinzelt. Um lange, unverzweigte Wurzeln ernten zu können, sollte der Boden locker, tiefgründig, ohne Steine und im Sommer ausreichend feucht sein. Schwarzwurzeln sind mehrjährig (nicht zweijährig, wie viele meinen) und blühen gelb, was der Wurzel allerdings nichts an Geschmack und Qualität nimmt. Zu kleine Wurzeln bleiben daher im Boden, auch ältere Pflanzen können durchaus noch beerntet werden.

Ernte: Ganz nach Bedarf in der Küche können die frostharten, bis 50 cm langen Wurzeln von Oktober bis März geerntet werden. Das muss vorsichtig geschehen: mit der Grabegabel neben der Reihe einstechen, die Erde durch vorsichtiges Vor- und Zurückbewegen lockern und die Pflanzen an ihrem Blattschopf herausziehen.

In Gegenden mit langen Frostperioden oder dicker Schneedecke ist eine Kellerlagerung im feuchten, kühlen Sandbett ratsam. Unter angehäufelter Erde gebleichte Frühjahrstriebe geben einen zarten Salat. Ausgesprochen delikat sind junge, in Butter geröstete Sprosse und Blütenknospen, wenn sie noch warm auf einen Salat gestreut werden.

TIPP

Beim Schälen der Wurzeln tritt weißer, klebriger Milchsaft aus. Legt man die Wurzeln dann nicht gleich in Essig- oder Zitronenwasser, färbt sich die Oberfläche langsam orange bis braun. Gummihandschuhe tragen oder Einölen der Hände schützt vor Flecken. Oder man schält die Wurzeln gleich direkt im Wasser.

Goldrausch

Winterpostelein

Montia perfoliata

Weitere Namen: Winterportulak, Kubaspinat, Tellerkraut

Im Winter ist es nicht so leicht, frisches Grün für Salate zu bekommen. Wenn man sich nicht mit Glashaussalat oder Importen aus Übersee abfinden will, ist der Winterportulak eine mögliche Alternative. Seine Heimat ist die Westküste Nordamerikas von Mexiko bis Südkanada. Miner's Lettuce wurde er zur Zeit des Goldrausches um 1850 getauft, als sein hoher Vitamin C-Gehalt Goldgräber die langen, gemüsearmen Winter überstehen ließ.

Kultur: Der Winterportulak braucht es wirklich winterlich: Zur Keimung sind Temperaturen unter 12° C nötig. Der Anbau beginnt daher, je nach Jahr und Ort, etwa im September und kann bis Ende März dauern.

Bei genügend Schnee ist die Kultur im Freiland möglich, ein kalter Kasten oder ein ungeheiztes Glashaus sind allerdings praktischer. Einen Vorteil haben alle Wintersalate: die Beete sind auch über die Wintermonate bedeckt.

Ernte: Reihensaat erleichtert die Ernte, die je nach Saatzeitpunkt drei- oder viermal erfolgen kann. Ein Abstand von 10–20 cm zwischen den Reihen reicht aus, denn Winterportulak wird alle eineinhalb Monate geschnitten, wenn die Blattstiele etwa 5–6 cm Länge erreicht haben.

Auch die ab März auf den tellerförmigen Blättern erscheinenden Blüten können gegessen werden.

Winterportulak schmeckt auch als Belag aufs Butterbrot oder zubereitet wie Spinat.

Wintersalate

Winterpostelein ist nur eines jener Gemüse, die in der kalten Jahreszeit mit frischem Grün aufwarten können. Reich an Vitamin C ist auch das Löffelkraut (Cochlearia officinalis), ähnlich scharf schmeckt das Barbarakraut (Barbarea vulgaris) von Dezember bis Mai. Vogerlsalat (Valerianella locusta) ist schon ein alter Bekannter aus dem Supermarkt, den Kapuzinerbart oder Hirschhornwegerich (Plantago coronopus) kennen nur wenige Italophile als barba di frate, er kann ab Jänner als würziger, leicht bitterer Salat zubereitet werden.

Sauerampfer

Rumex acetosa

Sauerampfer ist eine beliebte Zutat zu allerlei grünen Frühlingssuppen und -saucen, sei es die Frankfurter Grüne Sauce oder eine erfrischende Frühlingssuppe mit Brennnessel. In Ungarn schätzt man Sóska (sprich: schooschka) als eine preiswerte und wohlschmeckende Vitaminquelle nach dem Winter.

Zum Wiener Tafelspitz wird nur mehr selten eine alte Spezialität gereicht: eine kalte Sauce auf der Basis von Sauerampfer, Weißbrot, Mayonnaise, Essig, Zitrone, Zucker und Salz.

Durch seinen Reichtum an Vitamin C und seine blutreinigende und entschlackende Wirkung nebst dem hohen Eisengehalt ist Sauerampfer ideal für ein Frühjahrserwachen.

Kultur: Im April kann direkt an Ort und Stelle gesät werden. Sobald sich Blütenstiele zu erheben beginnen, werden sie entfernt. Die Pflanzen sind frosthart und ausdauernd. Im Hausgarten reichen zwei, drei Pflanzen, sie können auch an einem schattigeren Plätzchen stehen. Nach ein paar Jahren ist eine Verjüngung durch Teilung vorteilhaft.

Auch andere Sauerampferarten wie *R. patienta*, *R. rugosus* oder *R. scutatus* werden als Gemüse geschätzt.

Ernte: Im ersten Jahr hat Sauerampfer ab Juni, in den folgenden Jahren von April bis in den Sommer Saison.

Das Herz sollte immer stehen bleiben, geerntet werden nur die grundständigen, jungen Blätter der Rosette ganz nach Bedarf in der Küche. Aufgrund des hohen Oxalsäuregehaltes aber nur in mäßigen Mengen nutzen!

Wildgemüse

Sauerampfer ist wie Bärlauch oder Brunnenkresse wild in der Natur zu finden. Von anderen Wildgemüsen, die als „Unkräuter" bereits im Garten wachsen, hätte man vermutlich nie gedacht, dass sie nicht nur nützlich sind, sondern auch noch gut schmecken. Junge Blätter vom Giersch gelten zum Beispiel als Salatdelikatesse. Rezeptsammlungen von der gehobenen Küche über Hausmannskost bis zu Gerichten aus Notzeiten sind eine Fundgrube für unternehmungslustige KöchInnen (siehe Anhang).

Captain Cook gegen Popeye

Neuseeländer Spinat

Tetragonia tetragonioides

Manchen ist diese heute fast vergessene Spinatpflanze als „Brockspinat" noch aus Kindertagen in Erinnerung. Er lieferte im Sommer, wenn der herkömmliche Spinat durch Trockenheit und Hitze zu schießen drohte, verlässlich Blatt um Blatt. Ihren Namen verdankt die Pflanze Seefahrern, die in Neuseeland um 1770 die ersten Exemplare pflückten und nach England brachten. Während im Botanischen Garten Kew niemand noch davon gekostet hatte, entdeckte Captain Cook sie als Mittel gegen Skorbut. Im alten Europa fand die Matrosenkost erst im 19. Jahrhundert Einzug in die Küchen, erlangte aber trotz ihrer geringen Krankheitsanfälligkeit nie große, wirtschaftliche Bedeutung.

Kultur: Im März/April werden die Samen im Haus bei 12–15 °C angebaut. 24 Stunden vorquellen verkürzt die Keimdauer. Ab Mitte Mai übersiedeln die frostempfindlichen Pflanzen in den Gemüsegarten. Die leicht sukkulenten Blätter des Neuseeländer Spinats verraten bereits, dass ihm Hitze und trockener Boden wenig anhaben können. Als bodenbedeckende Unterpflanzung im Glashaus oder Tunnel bei Tomaten, Gurken oder Paprika hat er sich daher bestens bewährt; er hält die Feuchtigkeit im Boden. Gleichmäßige Wassergaben bewirken jedoch stetigeres Wachstum.

Ernte: Nach Bedarf werden Triebe und Blätter den ganzen Sommer über bis in den Herbst hinein gepflückt und frisch verarbeitet. Im Hausgarten reichen ein paar Pflanzen im Abstand von 50 cm, die durch ihren kriechenden Wuchs bald größere Flächen bedecken können.

Spinatvielfalt

Alle Gerichte mit Blatt- oder püriertem Spinat können auch mit Neuseeländer Spinat zubereitet werden. Es gibt viele altbekannte und neue, exotische Gemüse, die als Spinat gekocht dem „Original" um nichts nachstehen: Mangold, Gartenmelde und Brennnessel sowie Indischer Malabarspinat (Basella rubra), Erdbeerspinat (Chenopodium foliosum), Baumspinat (Chenopodium giganteum) und viele andere.

Eine alte Dame

Dicke Bohne

Vicia faba var. *faba*

Weitere Namen dieser Unterart: Puffbohne, Große Bohne

Die Ackerbohne *Vicia faba* gehört zu den ältesten Kulturpflanzen der Welt, ihre wild wachsenden Vorfahren sind nicht mehr bekannt. Früheste Funde aus der Zeit, als der Mensch mit Ackerbau und Viehzucht begann, stammen aus dem Vorderen Orient und sind 8000 Jahre alt.

Bis zum Beginn der Neuzeit war die zu den Wicken gehörende Ackerbohne *die* Bohne schlechthin, bis sie als Eiweißlieferant von den Neuankömmlingen aus Amerika, Gartenbohne *(Phasaeolus vulgaris)*, Kartoffel und auch Mais mehr und mehr verdrängt wurde.

Kultur: Da die Puffbohne nicht so kälteempfindlich wie die Gartenbohne ist, kann sie schon Ende Februar bis Anfang März im Freiland angebaut werden. Sie verträgt einige Grade Frost und kann auch in höheren Lagen (bis etwa 1600 m) kultiviert werden. In Reihen von einem halben Meter Abstand werden alle 15 cm ein bis zwei Samen 10 cm tief in die Erde gesteckt.

Die jungen Pflanzen können ein wenig angehäufelt werden, Mulchung ist zu empfehlen. Eine Stütze gegen Umfallen und Wind ist mit Schnüren entlang der Reihen leicht gemacht. Je früher die Bohnen angebaut werden, desto weniger setzt ihnen ein Befall der schwarzen Blattlaus im Mai zu. Abbrausen mit Schmierseifenlösung oder Entfernen der verlausten Triebspitzen hilft.

Namentliche Verwirrung

Bei dieser sehr formenreichen Kulturpflanze werden verschiedene Typen unterschieden: die kleinsamige Varietät „minor“, die Varietät „equina“ und die großsamige Varietät „faba“, die vor allem zur Nutzung als Gemüse herangezogen wird.

Die deutschen Namen Saubohne, Eselsbohne und Pferdebohne erzählen auch von zeitweiliger Verbannung vom Speisezettel.

Ernte: Die grünen Schoten mit noch heller Naht können bei frühem Anbau schon ab Juni geerntet werden.

Die noch unreifen Bohnen werden als Gemüse gekocht oder als Zutat zu Eintöpfen verwendet. Mehrmaliges Durchgehen ist erforderlich.

◄ *'Meteor'*

Scharf und schön

Kapuzinerkresse

Tropaeolum majus

Erst um 1680 kam diese südamerikanische Pflanze nach Europa. Die jungen Blätter werden als würzig und scharf schmeckender Salat geschätzt, den man anderen Salaten untermischen kann. Auch auf dem Butterbrot sind die schildförmigen, schön geformten Blätter köstlich. Rot, orange oder gelb leuchten die großen Blüten hervor. Ihre kräftigen, fröhlichen Farben sind nicht nur ein appetitlicher Aufputz auf einem sommerlichen Salat oder Aufstrich, sondern können gleich mitgegessen werden. Wie Kapern kann man die Knospen in Kräuteressig einlegen. Als „Kapernersatz" eignen sich auch andere Knospen, zum Beispiel von Gänseblümchen oder Löwenzahn.

Kultur: Ab Mitte Mai werden die großen Samen an Ort und Stelle ausgesät. Auch in Töpfen, Ampeln oder im Fensterkistchen sind die üppigen, reich blühenden Pflanzen wunderschön.

Ungeduldige GärtnerInnen können im Haus ab April anbauen und dann im Mai auspflanzen.

Es gibt zwei unterschiedliche Wuchsformen: Die niederliegenden Sorten bleiben am Boden, die Kletterer wachsen bis in 2,5 m Höhe, indem sich die Blattstiele um Stäbe, Zweige oder den nächstbesten Stängel schlingen. Auf Maschendrahtzäunen und Holzgittern wachsen sie sehr leicht, bei dicken Stangen muss man anfangs ein wenig aufbinden.

Ernte: Die Blätter werden jung und nach Bedarf geerntet. Die Pflanze enthält ein Senfölglykosid wie viele Vertreter einer anderen Familie, der Kreuzblütler (Kresse, Brunnenkresse, Barbarakraut ...). Antibiotisch wirksame Substanzen werden in der Homöopathie genutzt.

Essbare Blüten

Sie bringen Farbe ins grüne Spiel und sind ein witziger Einfall auf Teller oder Tafel. Auch wenn nur wenige einen so intensiven Geschmack haben wie die Blüte der Kapuzinerkresse, können viele Blumen des Gartens eine kulinarische Verwendung finden: Borretsch, Gänseblümchen, Veilchen, Taubnessel, die Blütenblätter der Ringelblume u.v.a.m.

Tomatillo

Physalis ixocarpa

Die Nachtschattengewächse sind eine große Gemüsefamilie mit Tradition: Tomate, Paprika und Chili, Kartoffel, Aubergine und – immer häufiger bei uns zu sehen – Kapstachelbeere *(Physalis peruviana)* und Tomatillo. In der mexikanischen Küche ersetzt Tomatillo die Tomate in den zahlreichen scharfen Saucen. Auch bei uns sind Begriffe wie Taco, Salsa verde, Tex-Mex-Küche in vieler Munde und eigentlich spricht nichts dagegen, sich seine Tomatillos selbst im Garten zu ziehen.

Kultur: Sie sind allerdings nur in warmen Lagen für das Freiland zu empfehlen und brauchen trockenes Wetter. Oft gedeiht Tomatillo daher besser unter Glas oder Folie. Ab März erfolgt wie bei Tomaten und Paprika die Aussaat im Haus, frühestens Mitte Mai können die jungen Pflanzen in den Gemüsegarten wechseln. Aufbinden auf Pfähle oder Spalier ist anzuraten, noch besser ist aber ein horizontales Stützgitter, da die Zweige durch das Gewicht der Früchte sonst am Boden liegen. Ausgeizen oder Einkürzen der Triebe ist nicht nötig, wenn genügend Abstand zwischen den Pflanzen (etwa 80 cm rundum) eingehalten wurde.

Ernte: Ab August können die reifen Früchte geerntet werden, bis der Frost die Pflanzen erwischt. Es gibt gelbe und violette Formen. Das trockene Hüllmäntelchen wird entfernt und der etwas klebrige Film auf der Schale mit Wasser abgespült. Sie harmonieren mit Tomaten, Paprika, Avocado, Limetten und Zitronen und passen zu Fisch, Meeresfrüchten und Fleisch.

REZEPT

Grüne Sauce aus Mexiko „Salsa tomatillo“ zu gegrilltem Fleisch

Tomatillos klein schneiden und mit scharfen Pfefferoni in Hühnersuppe ca. 5 Minuten kochen. Gepressten Knoblauch dazugeben und die Sauce passieren oder durch ein Sieb streichen. Zitronensaft und fein gehackte Korianderblätter einrühren, salzen.

Verpackungskunst

Cardy

Cynara cardunculus

Weitere Namen: Gemüseartischocke, Kardone

Sie ist nicht nur eine Freude für den Gaumen, die stattlichen Stauden tragen auch auffallend schöne, blaue Blütenköpfchen. In Frankreich gibt es eine Weichkäsespezialität, La Caillebotte à la Chardonette, bei der die getrockneten Kardonenblüten die Milch ohne Zusatz von Lab gerinnen lassen. Die mediterrane Pflanze ähnelt sehr ihrer Schwester, der Artischocke.

Kultur: Bereits im zeitigen Frühjahr wird im Haus in Töpfe angebaut. Die kräftigsten Sämlinge ziehen ab Mitte

Mai an einen sonnigen, gut mit reifem Kompost versorgten Platz in den Gemüsegarten um. Sie lieben es heiß, brauchen aber viel Wasser über den Sommer und rundum einen Meter Platz für ihre große Blattrosette. Für Zwi-

schenkulturen wie Möhren, Radieschen oder Salat ist im Mai/Juni aber noch genügend Platz. Die frostempfindliche Cardy wird einjährig kultiviert oder ausgegraben im Keller oder Glashaus überwintert.

Ernte: Warten Sie gegen Ende August, Anfang September einen schönen, trockenen Tag ab. Die graugrünen Blätter werden behutsam aufgerichtet, locker zusammengebunden und für etwa drei Wochen lichtdicht verpackt. Stroh, Heu oder Zeitungspapier dient als Wickelmaterial und als Lichtschutz schwarze Kunststofffolie, die bis über ihren unteren Rand angehäufelt wird. Feuchte Pflanzen können zu faulen beginnen. Falls die „Pakete“ umzufallen drohen, hilft ein Holzpflock. Nach zwei bis drei Wochen sind die Blattrippen bleichgelb und können knapp über dem Boden geschnitten werden.

Ein Leckerbissen für Auge und Gaumen

Nur die Rippen werden genutzt, die Blätter entfernt: waschen, Haut und Fäden abziehen, in ca. 10 cm lange Stücke schneiden und sofort in Wasser legen, das mit Mehl und Essig (oder Zitrone) verquirlt wurde, um Braunfärbung zu verhindern. Darin 25 Minuten kochen. Mit Parmesan und Butterflöckchen gratinieren, pürieren als Cremesuppe mit Schlagobers und Gorgonzola oder überbacken als Auflauf. Ein seltener Genuss!

Japanische Kartoffel

Knollenziest

Stachys affinis

Als „aufgefädelte Perlen" oder „wurmähnliche Tiere, in der Mitte am dicksten und zu den Enden hin immer dünner werdend" – so widersprüchlich werden die bis 5 cm langen Sprossknollen beschrieben, die am Ende horizontal wachsender Ausläufer sitzen.

Während sie an den Knoten wenig in die Breite wachsen, schwellen die Internodien stark an. Die Oberhaut bleibt intakt, was den Knöllchen ihr unverkorktes, makelloses Weiß beschert, das sauber geputzt an Elfenbein oder Jade erinnert. An den Einschnürungen sitzen Knospen wie bei der Kartoffel.

Kultur: Ab Mitte März werden an einem sonnigen bis halbschattigen Platz jeweils zwei oder drei Knöllchen alle 15–20 cm eine Handbreit tief ausgelegt. Bis zum Anwachsen darf der Boden nicht austrocknen. Wer größere Mengen ernten will (Ertrag max. 2 kg/m^2), muss mehr Platz für den Knollenziest reservieren und mehrere Reihen in Abständen von 60 cm pflanzen.

Ernte: Wenn der Frost die Blätter absterben lässt, haben die Pflanzen die Bildung der Knollen abgeschlossen. Die etwas mühsame Ernte kann beginnen und dauert bis weit ins Frühjahr hinein.
Am besten gräbt man nur den jeweiligen Bedarf aus, denn die Knöllchen sind nicht lange lagerbar und werden bald braun. Die im Boden verbliebenen Knollen sind frosthart und treiben im Frühling wieder aus.

Rezept

Frisch aus der Erde geholt schmeckt Knollenziest knackig und saftig. Zubereitungsmöglichkeiten gibt es mehrere: in Salzwasser 5–10 Minuten kochen, Häutchen abziehen und in Butter fertig dünsten, als Beilage zu Fleisch; gekocht in Palatschinkenteig mit Parmesan tauchen und in Öl herausbacken; in Butter mit Salz und Pfeffer gewürzt zugedeckt 15 Minuten dünsten und dann mit gebratenem Speck oder Rohschinken und Kräutern gemischt zu Geflügel servieren.

Asiatische Zwiebelvielfalt

Winterheckenzwiebel

Allium fistulosum

Die ursprüngliche Wildart ist nicht mehr bekannt, so lange wächst diese alte Kulturpflanze schon in den Gärten und Feldern Chinas, Koreas und Japans. Dementsprechend wichtig ist sie als Zutat zu den dort typischen, kurz gebratenen Gerichten oder wird roh wie Schnittlauch gegessen. In Europa werden dafür junge Küchenzwiebeln oder Schalotten *(Allium cepa)* verwendet. *Allium fistulosum* entwickelt gar keine runde Zwiebel, sondern einen langen, verdickten Stängel, ähnlich Porree. Durch Anhäufeln im Frühjahr lässt sich dieser untere, weiße Teil verlängern und sein Geschmack verfeinern.

Asiatische Gäste und alte Bekannte

In der chinesischen und japanischen Küche sind Laucharten, die geschnitten als Gemüse verarbeitet werden, wichtige Zutaten. Zum Beispiel der Chinalauch, auch als Knolau bekannt (Allium tuberosum). Seine Blätter sind deutlich flach, sie werden grün als Gewürz wie Schnittlauch oder gelb gebleicht als Gemüse in Suppen und Saucen verwendet. Wie die Winterheckenzwiebel schmeckt er auch auf dem Brot, als Gewürz in einer Suppe oder im Salat.

Kultur: Ab Ende März werden die Samen in Reihen mit 30–40 cm Abstand angebaut und auf 10 cm vereinzelt oder geteilte Pflanzen gesetzt. Viele Tochterzwiebeln lassen *Allium fistulosum* immer buschiger werden, sodass nach einigen Jahren durch Teilung verjüngt werden sollte. Auch für den Boden ist ein Standortwechsel wichtig! Die Pflanzen sind anspruchslos und vollkommen winterhart.

Ernte: Die mehrjährige Pflanze liefert ab März das erste frische Grün und kann das ganze Jahr über geerntet werden. Vlies oder Folie über die Winterheckenzwiebeln gebreitet lässt eine noch frühere Ernte zu.

Im Winter kann man die Schlotten direkt aus dem Garten holen. Im ersten Jahr ist das Laub drei bis vier Monate nach der Aussaat lang genug für den ersten Schnitt.

Haferwurzel

Tragopogon porrifolius ssp. *sativus*

Weitere Namen: Weißwurzel

Die Haferwurzel ist wesentlich früher als die heute bekanntere, nahe verwandte Schwarzwurzel kultiviert worden.

Albertus Magnus erwähnte sie für Deutschland bereits im 13. Jahrhundert, möglicherweise reicht ihre Verwendung als Gemüse bis in die Antike zurück.

Nach und nach verdrängt von ihrer schwarzen Schwester, ist sie heute kaum mehr ein Begriff, außer vielleicht in England als „salsafy" oder aufgrund ihres Geschmackes als „vegetable oyster".

Kultur: Schwarzwurzel und Weißwurzel können im Gemüsegarten nebeneinander stehen, da Aussaat, Platzbedarf und Ansprüche gleich sind. An den viel schmäleren, graugrünen Blättern (*porrifolius* = porreeblättrig) kennt man die Haferwurzel.

Bildet die ein- bis zweijährig wachsende Pflanze schon im ersten Jahr Blüten (v.a. bei früher Saat), so müssen sie, anders als bei der mehrjährigen Schwarzwurzel, entfernt werden, da sie sonst die Wurzeln aussaugen, die dann holzig und für die Küche wertlos werden.

Ernte: Auch die Haferwurzeln müssen vorsichtig geerntet werden, damit sie nicht verletzt und die Milchsaft führenden Röhren nicht angeschnitten werden.

Sie sind hell, neigen eher zum Verzweigen als die Schwarzwurzeln und müssen nicht unbedingt geschält werden.

Sie sollten nur nach Bedarf von Oktober/November bis zur Blüte geerntet werden, wenn der Boden offen ist. Die jungen Blätter sind als Salat oder gekocht als Spinat essbar, der durch Anhäufeln gebleichte Austrieb wird wie Spargel zubereitet.

Kulturanleitungen

Gemüse	Aussaat	Ernte	Abstand Reihen cm	Abstand in der Reihe cm
○ **Auberginen**	Feb.–Anf. März	Aug.–Okt.	40	40
+ **Buschbohnen**	Mai–Anf. Juli	Mi. Juli–Okt.	30	4–6
+ **Stangenbohnen**	Mi. Mai–Mi. Juli	Ende Juli–Okt.	60	60
+ **Markerbsen**	Mi. April–Mi. Juli	Mi. Juni–Sep.	20–30	2–3
+ **Schalerbsen**	Ende März–Mai	Anf.–Ende Juni	20–30	2–3
+ **Zuckererbsen**	Anf. April–Mi. Juli	Mi. Juni–Sep.	20–30	2–3
+ **Endivien**	Ende Mai–Mi. Juli	Juli–Nov.	35	35
+ **Feldsalat**	Ende Juli–Sep.	Sep.–März	10–15	2–3
○ **Fenchel**	April–Mi. Juni	Juni–Okt.	30–40	20–25
○ **Gurken**	Mai–Anf. Juni	Aug.–Okt.	100–150	25–30
○ **Gurken, Treibhaus**	März–Juni	Juni–Okt.	100	40
○ **Kohlrabi**	Feb.–Anf. Juli	Mi. April–Nov.	30	25
○ **Kohl, Kopfkohl**	März–Anf. Juli	Mi. Juni–Nov.	40–50	50–60
○ **Blumenkohl**	März–Juni	Ende Juni–Nov.	50	40
○ **Brokkoli**	April–Juni	Mi. Juni–Nov.	40	40
+ **Chinakohl**	Mi. Juli–Anf. Aug.	Ende Aug.–Nov	40	25–30
○ **Grünkohl**	Mai–Anf. Juli	Okt.–Jan.	40	30
○ **Rosenkohl**	April–Mai	Sep.–Jan.	40–50	40
○ **Kürbis**	April–Anf. Juni	Sep.–Okt.	150–250	40
+ **Mangold**	März–Juni	Juni–Okt.	30	30
○ **Melone**	Ende März–April	Ende Aug.–Okt.	120–150	30
+ **Möhren**	Mitte Feb.–Anf. Juli	Juni–Okt.	25–30	3–5
○ **Paprika**	Mi. Feb.–Mi. März	Aug.–Okt.	60	40
+ **Radieschen**	März–Sep.	Ende April–Nov.	20	5–10
+ **Rettich**	März–Anf. Aug.	Mai–Nov.	30	20
+ **Rote Bete**	Mi. Mai–Juni	Mi. Juli–Nov.	25–30	8–12
○ **Kopfsalat**	Jan.–Juli	Ende April–Okt.	25	25
○ **Eissalat**	März–Juli	Mai–Sep.	30	30
+ **Pflücksalat**	Feb.–Aug.	April–Okt.	30	20
+ **Schwarzwurzeln**	März–April	Ende Sep.	30	8–12
○ **Sellerie**	März–Anf. April	Anf. Aug.–Nov.	40	40
+ **Frühjahrs-Spinat**	Ende Feb.–Anf. Mai	Anf. Mai–Juni	20–25	3–5
+ **Herbst-Spinat**	Ende Juli–Aug.	Mi. Sep.–Okt.	20–25	3–5
○ **Tomaten**	Ende Feb.–Anf. April	Ende Juli–Okt.	80	40
○ **Zucchini**	April–Anf. Juni	Mi. Juli–Okt.	80	80
○ **Zuckermais**	April–Ende Mai	Ende Aug.–Okt.	80	40
+ **Frühzwiebeln**	Ende März–April	Juli–Sep.	25–30	4–6
+ **Winterzwiebeln**	Ende Juli–Mi. Aug.	Juni–Anf. Juli	25–30	4–6

○ *Pflanzenanzucht empfehlenswert* + *Direktsaat ins Freie*

Aussaat- und Erntetabelle von A–Z, Frisches Gemüse, das ganze Jahr über

Gemüse	Jan.	Feb.	März	April	Mai	Juni	Juli	Aug.	Sep.	Okt.	Nov.	Dez.
Auberginen												
Buschbohnen												
Dicke Bohnen												
Erbsen												
Fenchel												
Gurken												
Gurken Treibhaus												
Blumenkohl												
Brokkoli												
Chinakohl/Pak Choy												
Kohlrabi												
Rosenkohl												
Weiß-, Rot- u. Wirsingk.												
Melonen												
Möhren												
Paprika												
Porree												
Radieschen												
Rettich												
Rote Bete												
Kopfsalat												
Eissalat												
Pflücksalat												
Chicorée												
Feldsalat												
Radicchio												
Zuckerhut												
Sellerie												
Spinat												
Tomaten												
Zucchini/Kürbis												
Zuckermais												
Zwiebeln												

Aussaat im Gewächshaus — *Aussaat im Freiland* — *Ernte im Freiland* — *Ernte im Gewächshaus*

Index

Index

Buchtipps

Vergessene Gemüse, Redden, Gabriele
Traditionelle Gemüsearten für Genießer neu entdeckt.
München (Mosaik) 1996, 176 Seiten, ISBN 3-576-10648-0

Kürbis Löwenzahn Kardonen, Scotto, Elisabeth
Liebhaberrezepte für fast vergessene Gemüse.
München (Christian) 1997, 184 Seiten,ISBN 3-88472-308-1

Aus dem Garten Eden, Neuner, Fred; Hager, Elisabeth
Alte Gemüsesorten neu entdeckt
Verlag Christian Brandstätter 2000, ISBN 3-85498-047-7

Kreuzers Gartenpflanzen Lexikon
„Gemüse, Kräuter, Kulturpilze",
Braunschweig (D), Thalacker, ISBN 3-87815-111-X

Gemüsebau Praxis, Pelzmann, Helmut
Österreichischer Agrarverlag, ISBN 3-7040-1323-4

Adressen zur Bodenuntersuchung

Landwirtschaftskammer Westfalen-Lippe
Untersuchungszentrum Münster
Postfach 59 80, 48135 Münster
Tel. 0251/23 76-686/-595,
Fax 0251/23 76-597/-846

Landesanstalt für Landwirtschaftliche Chemie
Emil-Wolff-Str. 14, 70599 Stuttgart
Tel. 0711/459 26 72, Fax 0711/459 34 95

Bodenuntersuchungs-Institut Koldingen
Ehlbeek 2, 30938 Burgwedel
Tel. 05139/99 690, Fax 05139/99 69 35

Bundesamt und Forschungszentrum für Landwirtschaft, Institut für Bodenwirtschaft
A- 1226 Wien, Spargelfeldstraße 191
Tel. 01/732 16-4221, Fax 01/732 16-4222

Bezugsquellen für Sämereien

Alle im Buch genannten Sorten gibt es in Samenfachhandlungen und Gartencentern, selten im Lebensmitteleinzelhandel und bei Vereinen, die sich den Erhalt der Vielfalt von Nutzpflanzen zum Ziel gesetzt haben. Sie bringen neben einer großen Fülle an Sorten auch wieder seltene Gemüsepflanzen in Umlauf.

Hersteller:

Juliwa/Quedlinburger Saatgut
Neuer Weg 21, D-06472 Quedlinburg,

Kiepenkerl-Pflanzenzüchtung
Postfach 1263, D-48348

Everswinkel, Sperli-Samen
Postfach 2640, D-21316 Lüneburg

Austrosaat-Sämereien
überall in Österreich in Gartencentern und im Gartenfachhandel.

zu beziehen über:

Sperli-Samen
Tel. 04131/201 70 über Barbara Gassmann,
Im Saal 13, 21423 Winsen/Luhe, Tel. 04171/734 53

Kiepenkerl-Samen
aus 48348 Everswinkel Fax 02582/670-270 über
Erfurter Saatgut Haus, Industriestr. 3,
56471 Dreisbach, Tel. 02661/940 52 20
Gustav Schlüter, 25335 Bokholt-Hanredder,
Tel. 04123/2021

für **Kiepenkerl-Jungpflanzen:**
Green and Easy, Industriestr. 3, 5661/940 52 45,
Tel. 02661/940 52 42

Juliwa/Quedlinburger Saatgut
Tel. 03946/9040 über Gartenberater R. Biel GmbH
Martin-Vierengel Straße 1, D-63897 Miltenberg,
Tel. 09371/94 98 17

Gärtner-Pötschke
D-41561 Kaarst, Tel. 02131/793 333

Baldur Gartenversand
Seehofstr. 5-8, D-64653 Lorsch, Tel. 06251/560 67

Jansen Samen
Postfach 300115, D-46399 Bocholt
Tel. 0031/315 651 235

Küchengarten Kräuter- und Gemüsesamen
Postfach 1511, D-73505 Schwäbisch Gmünd
Tel. 07171/928 712

Syringa Versand, B. Dittrich
Postfach 1147, D-78245 Hilzingen, Tel. 07739/1452

Samen-Fröwis
Gärtnerstr. 9, A-6890 Lustenau, Tel.0043/5577/82180

Alternative Samenanbieter:

Kräuterzauber Samen und Pflanzen
Auf dem Berg 166, D-27367 Horstedt
Tel. 04288/928 558

Bio-Saatgut Dreschflegel
Föckinghauser Weg 9, D-49324 Melle
Tel. 05422/899 44

Ferme de Sainte Marthe, Bio-Saatgut Ulla Grall
Bäreneck 4, D-55288 Armsheim, Tel. 06734/960 013

ReinSaat Emmelmann Ges.n.b.R.
A-3572 St. Leonhard am Hornerwald
Tel. 02987/2347, Fax 02987/234 74
E-mail: reinsaat@reinsaat.co.at

Vereine:

VEN
Verein zur Erhaltung der Nutzpflanzenvielfalt eV.
Ulla Grall
D-55288 Antsheim, Bärenecke 4/Efeuhaus
Tel. 0049/6734/960 013, Fax 0049/6734/960 014
E-mail: ulla.grall@t-online.de

Arche Noah
Gesellschaft zur Erhaltung und Verbreitung der Kulturpflanzenvielfalt
Obere Straße 40, A-3553 Schiltern
Tel. 02734/8626, Fax 02734/8627
E-mail: info@arche-noah.at
Internet: www.arche-noah.at

Pro Specie Rara
Schweizerische Stiftung zur Erhaltung des genetischen und kulturgeschichtlichen Erbes von Tieren und Pflanzen
Sortenzentrale
Postfach 95, CH-5742 Kölliken
Tel. 0041/62/723 73 01, Fax 0041/62/723 73 01
E-mail: psrkoelliken@access.ch